UNIVERSITÉ DE FRANCE.

ACADÉMIE DE STRASBOURG.

THÈSE

POUR LA LICENCE,

PRÉSENTÉE

A LA FACULTÉ DE DROIT DE STRASBOURG

ET SOUTENUE PUBLIQUEMENT

LE MARDI 12 DÉCEMBRE 1848, A MIDI,

PAR

ÉMILE ACKERMANN,

de Strasbourg (Bas-Rhin).

STRASBOURG,

DE L'IMPRIMERIE D'ÉDOUARD HUDER, RUE DES VEAUX, 27.

1848.

A MON PÈRE.

A MA MÈRE.

E. ACKERMANN.

FACULTÉ DE DROIT DE STRASBOURG.

La Faculté n'entend ni approuver ni désapprouver les opinions particulières du candidat.

DROIT CIVIL FRANÇAIS.

DES RÈGLES PARTICULIÈRES AUX BAUX A LOYER ET AUX BAUX A FERME.

INTRODUCTION.

§ 1ᵉʳ.

Dans les contrees pauvres et peu populeuses, le louage de la propriété immobilière est à peu près nul. Chacun a son habitation isolée,
chacun cultive lui-même son coin de terre. Dans les grands centres
de population, l'habitation séparée n'est plus possible. Les maisons se
multiplient; les étages s'élèvent. Dans les campagnes, les bras abondent;
les nouveaux venus, poussés par le besoin de vivre et le désir d'ac-
quérir, cherchent, en alliant leur industrie et leur travail au fonds
producteur que leur fournit le propriétaire, à gagner ce pécule, prix
de leur affranchissement. Telle est l'origine du bail à loyer et du bail
à ferme.

1

Soumis à des principes communs, ces deux contrats présentent, dans leur application, des différences importantes. Le bail à loyer est stationnaire de sa nature, parce qu'il pourvoit à des besoins qui sont identiques à toutes les époques et qui ne subissent, sous l'influence des révolutions sociales, que de légères modifications. Le Code a copié les coutumes, les coutumes avaient copié la loi romaine, et partout les usages locaux (même sous l'empire du Code si jaloux à ce sujet) ont conservé leur empire.

Il en est autrement du bail à ferme. Attaché plus fortement à la propriété foncière, il la suit dans toutes ses transformations et se ressent tour à tour des changements de condition qu'elle subit et que subissent ceux qui la cultivent. « Dans tout l'empire romain, nous dit M. de Sismondi (1), la population rurale était divisée en deux classes : les colons libres et les esclaves, qui différaient bien plus de nom que par des droits réels. Les premiers cultivaient la terre, moyennant des redevances fixes, payables le plus souvent en nature; mais comme une distance prodigieuse les séparait de leurs maîtres, qu'ils relevaient immédiatement de quelque esclave favori ou de quelque affranchi.... que les lois ne leur donnaient aucune garantie, leur condition était devenue toujours plus dure.... et si, dans l'accablement de leur misère, ils prenaient le parti de s'enfuir.... les constitutions des empereurs avaient établi des procédures sommaires par lesquelles on pouvait les réclamer et les saisir partout où on les trouvait. Tel était le sort des cultivateurs libres. » On sait le résultat de ce système et l'effrayante stérilité du sol de l'empire romain qui, inculte et abandonné, ne suffit plus à la nourriture de ses rares habitants.

Au moyen âge, les noms seuls changent : le système impérial fait place au système féodal. L'esclave devient serf de la glèbe ; le *dominus hœres* seigneur d'héritage ou seigneur d'hôtel. Le Xe siècle fut le signal d'un changement favorable. Les affranchissements se multi-

1. Histoire de la chute de l'empire romain.

plièrent, les concessions de terre devinrent plus fréquentes, et dans les relations du seigneur avec les hommes du fief, on les voit sans cesse reparaître sous des formes plus ou moins variées. C'est l'emphythéose perpétuelle, le bail à cens, le bail à vie, le bail à complant, les champarts (*campi pars*), agriers, bordelages, le bail à convenant ou à domaine congéable, le bail à rente, le bail à locatairerie ou à métairerie perpétuelle, etc. Dans notre pays, c'est le bail héréditaire; (*Erbbestand, Erbpacht, Erblehen*). Il ne faut pas se le dissimuler; ces divers contrats n'étaient pas le bail à ferme. Ils n'avaient guères de commun avec lui que le nom et les avantages de rendre à la culture, moyennant l'abandon du domaine utile, des terres restées en friche, faute de bras pour les cultiver et d'intérêts pour les défendre : aussi ne nous occuperont-ils pas davantage.

La révolution de 89 qui trouva debout tous ces démembrements de la propriété, les renversa ou du moins rendit rachetables toutes les concessions perpétuelles. La loi de 1792 est encore en vigueur aujourd'hui. Mais la révolution en frappant les baux à longues années, la jurisprudence en fixant leur durée à 9 ans (1), et le Code par son silence, ne semblent-ils pas avoir oublié que les premiers besoins de l'agriculture sont la fixité et la stabilité? Avec ces auxiliaires seulement l'économie rurale peut prendre quelques développements; le fermier ne craint pas les essais: les défrichements, les plantations, les travaux d'irrigation ne l'effraient plus; son travail est réfléchi, son exploitation régulière. Conseillés par les sociétés agricoles et par tous les hommes livrés spécialement aux études agronomiques, les baux de longue durée ont trouvé des défenseurs jusque dans les conseils généraux, et l'on en a vu émettre le vœu de les voir formellement prescrire par le Code rural (2). Le législateur ne pouvait pas aller si loin. Il ne pouvait donner qu'un conseil et un exemple; et c'est ce qu'il a fait dans la loi du 30 mai 1835 sur les baux des communes.

1. Fenêt., IV, p. 197.
2. Motifs et discussion de la loi du 30 mai 1835 (D. 35, 3, 61, note).

Nous n'avons voulu que tracer l'historique de notre matière; une étude plus approfondie du système féodal sortirait de notre cadre: nous devons nous arrêter.

§ 2.

Le Code a consacré deux sections distinctes au sujet qui nous occupe : nous conserverons cette division. Dans une première partie nous examinerons les règles particulières aux baux à loyer, dans une seconde les règles particulières aux baux à ferme.

Les baux à loyer comprennent le louage des maisons, les baux à ferme celui des biens ruraux : dans quelle catégorie rentre le louage des immeubles qui ne sont destinés ni à l'habitation ni à la culture, tels que les mines, les usines, les moulins, etc.? Si nous cherchons dans la discussion du Code civil les lumières que le texte lui-même nous refuse, nous trouvons dans le rapport de M. Mouricault ces paroles : «Le louage d'un bien rural, c'est-à-dire d'un fonds produisant des fruits naturels ou industriels, est appelé bail à ferme; le louage d'une maison ou d'un bâtiment qui ne produit que des fruits civils ou loyers est appelé bail à loyer (1).» Ainsi le louage d'une maison, d'un moulin, d'un chantier, sera un bail à loyer; le louage d'un champ, d'une mine, d'une carrière sera un bail à ferme. Cette division, plus logique que la première, des immeubles suivant la nature des fruits qu'ils produisent, a été adoptée par tous les auteurs dans la matière qui nous occupe.

Si le bail comprend des fonds produisant des fruits civils et des fonds produisant des fruits naturels et industriels, leur importance relative déterminera la règle que l'on devra suivre.

1. Locré, XIV, p. 422. — Denizart, Bail à ferme et à loyer, nº 3.

PREMIÈRE PARTIE.

RÈGLES PARTICULIÈRES AUX BAUX A LOYER.

Nous diviserons cette matière en cinq chapitres dans lesquels nous étudierons successivement : 1° l'obligation de garnir les lieux et le privilége du bailleur ; 2° les réparations locatives ; 3° la durée et la reconduction des baux à loyer ; 4° la loi *Æde* ; 5° la sous-location et la cession des baux à loyer.

CHAPITRE PREMIER.

De l'obligation de garnir les lieux, et du privilége du bailleur.

La loi romaine avait particulièrement favorisé le propriétaire, en lui accordant une hypothèque tacite sur les meubles que le locataire plaçait dans sa maison : *Quæ in prædia urbana inducta, illata sunt, pignori esse credantur* (L. 4, D. *in quib. caus. pig.*, XX, 2). Les coutumes lui conservèrent cette importante garantie ; mais, pour ne pas rendre ce droit illusoire, elles forçaient le locataire à garnir la maison de meubles sur lesquels le bailleur pût exercer son action. « Le propriétaire, nous dit Loisel (L. 3, t. 6, n° 5), peut contraindre son hôte de garnir la maison *de meubles exploitables*, pour seureté de son louage ; et à faute de ce, l'en peut faire sortir. »

L'art. 1752 a reproduit cette disposition, qui présente trois questions importantes à notre discussion. La qualité des meubles dont le locataire doit garnir sa maison ; leur quantité ; enfin la durée du privilége du bailleur. Pour ne pas scinder cette matière, nous examinerons immédiatement les droits correspondants du bailleur et du preneur dans les baux à ferme.

§ 1er.

De la qualité des meubles.

Le locataire n'étant obligé de garnir que pour fournir un aliment au privilége du bailleur, les meubles devront être de ceux sur lesquels il a prise: mais ils seront frappés de ce privilége, même dans le cas où ils appartiendraient à des tiers: sans cette disposition, la fraude serait trop facile, et les droits du bailleur deviendraient le plus souvent illusoires (arg. art. 1815).

Par application de ces deux règles ne seront pas soumis au privilége:

1° Le numéraire, les titres de créances, les pierreries, bijoux, etc. Ces objets, qui ne sont pas apparents, ne peuvent être considérés comme garnissant la maison (1).

2° Les meubles appartenant à des tiers, qui n'ont été déposés dans la maison louée qu'avec l'intention bien évidente de ne les y laisser que momentanément; et non pour la garnir (2). C'est ce qui a lieu à l'égard de marchandises appartenant à des tiers et destinées à être manufacturées, vendues ou transportées par le locataire; à l'égard des dépôts *nécessaires*, des objets consignés ou mis en séquestre etc. Ces meubles ne garnissent pas la maison, le propriétaire n'a jamais pu les considérer comme faisant partie de son gage.

3° Les objets mobiliers appartenant à des tiers et qui ne rentrent pas dans les catégories précédentes, pourvu que le bailleur ait été ins-

---

1. *Contra :* Pothier, Louage, § 248.
2. L. 32, D. *de pign. et hyp.*, 20, 1.

truit d'une manière quelconque (1), et antérieurement à leur introduction (2), qu'ils n'appartenaient pas au preneur.

4° Les objets volés ou perdus et qui se trouvent en la possession du
locataire : dans ce cas le propriétaire de ces objets ne peut se repro-
cher d'avoir omis d'en faire la signification au bailleur, et l'art. 2279
vient à son secours.

Passons maintenant aux biens ruraux : l'hypothèque que la loi
romaine donnait au locataire, dans les baux à loyer, sur les *meubles du
locataire*, elle la lui donnait, dans les baux à ferme, sur les *fruits du fermier*, mais non sur ses meubles, à moins d'une convention spéciale (3).
Cela venait de ce que dans le second cas les obligations du fermier
étaient suffisamment garanties par le privilége sur les fruits; et de ce
qu'à l'époque où l'on insérait spécialement ces hypothèques dans le
bail, les propriétaires cherchaient leur gage plutôt dans les récoltes
que dans les meubles du fermier. — Sous l'empire des coutumes,
cette question avait reçu diverses solutions. Le Code, écartant les dispositions plus spécieuses que fondées des jurisconsultes romains,
adopta la doctrine des coutumes de Paris et d'Orléans (4) qui appli-
quaient le privilége du locataire, non-seulement aux fruits et récoltes
de la ferme, mais encore à tous les objets mobiliers placés dans le fonds
d'exploitation. L'obligation de garnir la ferme de bestiaux et d'ustensiles convenables est, *bien que d'une manière toute subsidiaire*, la sanction et
le fondement de ce droit.

Pour les meubles de la ferme, nous n'avons rien à ajouter à ce que
nous avons dit plus haut : nous nous contenterons d'examiner ce qui
est relatif aux fruits.

« Les créances privilégiées sur certains meubles, porte l'art. 2102,
sont.... Les fermages des immeubles, *sur les fruits de la récolte de l'année*,

1. Cass. 31 déc. 1833. S. 34, 1, 854. — Poitiers, 30 juin 1825; S. 25, 2, 432.
2. Paris, 26 mai 1814. D. A. hyp., p. 38.
3. L. 4, L. 7, D. *in quib. caus. pign.*, 20, 2. — L. 5, D. *loc. cond.*, 4, 65.
4. Paris, art. 171. — Coutume d'Orléans, t. XIX, § 36.

et sur le prix de tout ce qui garnit la ferme .... et de tout ce qui
sert à son exploitation.... »

L'art. 2102 ne parle que du privilége sur les fruits de l'année. Les
fruits des années précédentes sont néanmoins également soumis au
privilége du bailleur qui peut les saisir comme meubles. Cette distinction entre le privilége sur les fruits et le privilége sur les meubles
n'est pas superflue, comme on pourrait le croire. Le privilége sur les
fruits de l'année persiste, même quand ils ont cessé de garnir la ferme,
pourvu qu'ils soient encore dans la possession du fermier. Le privilége
sur les meubles de la ferme (et par conséquent sur les fruits des années
précédentes) ne persiste, après leur disparition, que pendant un laps
de quarante jours. — Le privilége s'étend-il sur les fruits pendants par
branches et racines? Peut-on les saisir pour paiement des loyers? Vainement objecterait-on que les fruits pendants sont immeubles : la
saisie-brandon est une saisie mobilière, et la saisie-gagerie des fruits
sur pieds est une véritable saisie-brandon (1). Du reste, l'art. 819 du
Code de procédure civile autorise formellement à saisir les fruits, tant
dans les bâtiments et biens ruraux que sur les terres.

§ 2.

De la quantité des meubles.

La loi ne s'explique pas sur la quantité des meubles dont le locataire doit garnir la maison. Mais elle n'a pu vouloir, en lui deman-
dant de garantir le prix intégral du loyer, le forcer de consacrer à
son mobilier une dépense au-dessus de ses moyens. Les coutumes
n'exigeaient qu'une garantie pour un certain nombre de termes, mais
elles variaient sur leur nombre comme sur leur durée.

1. Pigeau, II, 114.

A Orléans, où les termes étaient de six mois, il fallait garantir le terme échu, à échoir, et les frais judiciaires. A Paris, il fallait garantir le loyer d'une année entière, bien que les échéances fussent trimestrielles (1). Sous l'empire du Code, nous devons ainsi que l'a fait la loi, et tout en adoptant la solution de MM. Delvincourt et Duranton, qui considèrent la règle tracée par la coutume d'Orléans comme la plus équitable, nous en rapporter à l'appréciation des tribunaux. C'est une question de fait dont la solution dépend de mille circonstances accessoires : de la bonne foi du locataire, de l'état de ses affaires, de sa fortune, de sa profession, etc. (2)

Il est des cas où le locataire n'est pas tenu de garnir l'appartement loué. C'est le cas où il donne une caution, un gage, une hypothèque : c'est aussi le cas où il a loué un appartement garni : le propriétaire est censé avoir renoncé au droit d'exercer son recours sur les meubles du locataire, puisqu'il les lui fournit lui-même, et cette présomption est telle, qu'il ne pourrait pas même saisir les effets mobiliers que le locataire aurait introduit dans l'appartement.

S'il s'agit de biens ruraux, nous n'avons rien à ajouter. L'abondance des récoltes ne dépend pas du fermier : on ne pourra donc pas l'expulser, si elles ne présentent qu'une garantie insuffisante ; et, quant aux meubles, le privilége que le bailleur a déjà sur les fruits, la position moins opulente et surtout moins luxueuse de l'agriculteur rendront le juge moins facile à satisfaire les exigences d'un propriétaire méfiant.

---

1. Coutume d'Orléans, t, XIX, art. 417. — Merlin, Rép., vº Bail, § VII, nº 3.

2. Delv. III, notes, p. 201. — Durant. XVII, nº 157. — Tropl., Comment. du tit. du Louage, II, § 531. — A ce propos, tous les auteurs rapportent ce célèbre arrêt qui décida qu'un joueur de marionnettes ne saurait être tenu de garnir les lieux, ou de donner caution. Les juges se fondaient sur ce que le preneur n'avait loué qu'en sa qualité de joueur de marionnettes, et que le bailleur ne pouvait dès-lors exiger qu'il les garnit d'une autre manière que celle relative à sa profession, qui n'était pas d'avoir des meubles, mais des marionnettes. Ce système, repoussé au Châtelet, triompha au Parlement le 18 septembre 1759. Mieux que tout autre, cet exemple prouve que l'on ne saurait poser de règle générale en cette matière, et qu'il faut s'en référer à la sagesse des juges.

§ 3.

Du privilége du bailleur.

Au moment où les meubles entrent dans la maison louée, le privilége du bailleur les frappe : mais ce privilége est plus qu'un simple droit de préférence sur les meubles qui en sont grevés. Contrairement à la grande règle que *les meubles n'ont pas de suite*, la loi favorise le bailleur au point de l'autoriser à suivre entre les mains des tiers et à revendiquer l'objet de son privilége, dans un délai de quarante jours lorsqu'il s'agit de biens ruraux, et dans un délai de quinze jours si c'est un bail à loyer (2102); délai qui court du jour du déplacement des meubles, ou du jour où le bailleur en aurait eu connaissance, si le déplacement avait été frauduleux.

Les meubles sont donc pour ainsi dire attachés à la propriété : il est néanmoins des cas où le locataire peut en disposer.

a) S'il laisse un mobilier *suffisant* pour répondre des paiements (1).

b) Si le déplacement ou l'aliénation a eu lieu avec le consentement exprès ou tacite du propriétaire : quand il s'agit d'un fonds de boutique par exemple, il est évident que le locataire ne l'a garni de marchandises que pour les vendre, et le propriétaire ne saurait arguer de son défaut de consentement à la vente.

c) Si le preneur fournit au propriétaire un gage, une hypothèque suffisante, en compensation des meubles qu'il distrait.

Quant aux fruits *de l'année,* (les autres sont, en tous cas, considé-

---

1. Cass. 8 déc. 1806. D. A. vº Hyp., p. 42. — Nous ne comprenons pas comment en présence d'un texte aussi formel que celui de l'art. 1752, la Cour de Paris (2 oct. 1806. D. A. vº Hyp., p. 43) et la Cour de Poitiers (28 janv. 1819. Id.) ont pu adopter une solution contraire. Une sévérité aussi exagérée gêne inutilement le locataire, sans avantage pour le bailleur : *Res non sunt amare tractandæ.*

rés comme meubles) le fermier ne pouvant payer son canon qu'avec le prix des fruits, le bailleur ne saurait, s'ils ont été vendus, dire qu'on les a distraits sans son consentement : si les fruits avaient été simplement déplacés, le privilége les suivrait, pourvu qu'ils fussent encore en nature et qu'ils appartinssent toujours au fermier. Néanmoins la loi ordonne au preneur de bien rural (colon ou fermier), d'engranger dans les lieux à ce destinés d'après le bail (1767), ou d'après l'usage des lieux, si le bail ne s'est pas expliqué à cet égard. Cette disposition a pour but de prévenir la soustraction du gage d'une part, et de l'autre d'éviter des complications d'intérêts entre le bailleur et le locateur de la grange, par exemple, dont le privilége primerait presque toujours celui du fermier.

Le privilége sur les meubles, et celui sur les fruits appartient non-seulement au propriétaire de l'immeuble, mais au locataire principal à l'égard du sous-locataire, à l'usufruitier, et, en un mot, à tous ceux qui sont aux droits du propriétaire.

Le privilége du bailleur a pour objet de garantir non‑seulement les loyers et fermages, mais encore l'exécution des réparations locatives, et de tout ce qui se rattache, en général, à l'exécution du bail (2102). Les avances qu'en matière de biens ruraux surtout, le propriétaire fait au preneur afin de le mettre en état de se livrer à l'exploitation, ont toujours été considérées par la doctrine, comme des dépenses qui se rattachent à l'exécution du bail (1), et le privilége leur est affecté, même si ces avances n'étaient pas constatées par l'acte du bail.

Les loyers et les fermages se prescrivant par cinq ans (2277), le privilége du bailleur serait sans effet pour une dette dont la date serait antérieure; il se prescrit donc également par cinq ans.

Quant à l'étendue du privilége, selon que le bail a ou n'a pas date certaine, cette question rentre plus spécialement dans l'étude des pri-

---

1. Pothier, Louage, § 254. — Tropl. sur l'art. 2102, § 153. — Angers, 27 août 1821. D. A. hyp., p. 40. — Cass. 3 janv. 1837. S. 37, 1, 151.

viléges et hypothèques, et du reste elle n'est spéciale ni aux baux à ferme ni aux baux à loyer. Nous ne nous en occuperons pas davantage.

CHAPITRE II.

Des réparations locatives.

Il est de principe, que les réparations occasionnées par la vétusté, ou par des cas fortuits, sont à la charge du propriétaire; en effet, sa principale obligation étant de garantir la jouissance du preneur, ce dernier a le droit, si la chose dépérit sans sa faute, d'exiger toutes les réparations de nature à assurer sa jouissance. Il est juste aussi que celui qui a tous les avantages de la propriété, qui en recueille les bénéfices, en supporte également les pertes : *Ubi emolumentum, ibi onus esse debet.*

On distingue deux genres de réparations; les grosses réparations qui ont pour but d'empêcher la perte du fonds même, et les réparations d'entretien. Les réparations d'entretien se subdivisent en deux classes : l'une qui est bornée aux menues réparations et l'autre qui, s'étendant plus loin, comprend les réparations de gros entretien (1). La loi a mis à la charge du propriétaire les grosses réparations et les réparations de gros entretien.

Quant aux réparations de petit entretien ou réparations locatives, (matière que l'usage seul et la jurisprudence réglaient avant le Code), la loi les a mises à la charge du locataire (2) ; mais, tout en indiquant

1. Proudhon, Usufr. III, § 1615.
2. *Quid,* de la clause par laquelle le preneur se serait chargé *des réparations?* Cela ne doit-il s'entendre que des réparations locatives, ou bien cela s'applique-t-il à toutes les réparations? C'est une question d'appréciation de contrat que l'on ne saurait résoudre d'une manière générale. Disons toutefois que l'article 1157, qui veut que l'on interprète

dans l'article 1754 les principales de ces réparations, elle s'en est rapportée, pour les autres, à l'usage des lieux.

«Pour juger, nous dit Pothier (1), quelles réparations sont locatives, on doit tenir cette règle que ce sont les mêmes réparations qui proviennent ordinairement de la faute des locataires ou de leurs gens, et qui ne dérivent pas de la vétusté ou de la mauvaise qualité des parties dégradées.» Le Code a suivi ces principes :

Les principales réparations locatives sont (quand même l'usage des lieux serait différent), celles à faire :

1° « Aux âtres, contre-cœurs, chambranles et tablettes de cheminées,» parce que la dégradation de ces objets résulte ordinairement de la violence du feu ou du choc des bûches placées sans précaution, c'est-à-dire, de l'incurie des locataires. *Sic* des croissants propres à retenir les pelles et les pincettes, des marbres des tables, buffets et consoles, quand ces objets ont subi quelque détérioration.

2° « Au recrépiment du bas des murailles des appartements et autres lieux d'habitation, *à la hauteur d'un mètre* (2).» La loi présume que cette dégradation provient de ce que l'on a appuyé des meubles sans précaution contre ces murailles.

3° «Aux pavés et carreaux des chambres lorsqu'il n'y en a que quelques-uns de cassés.» C'est toujours la même présomption : le locataire les aura endommagés en laissant tomber des corps durs ou en les frappant avec violence. Mais si la plus grande partie des carreaux est en mauvais état, la présomption change : il est vraisemblable que c'est leur mauvaise qualité, leur vétusté ou l'humidité qui les a endommagés : c'est alors une charge du propriétaire, à moins qu'il ne prouve

---

une convention dans le sens avec lequel elle peut avoir un effet, n'a rien d'absolu et laisse également libre l'appréciation des tribunaux (Caen, 7 janv. 1828. S. 28, 2, 270).

1. Pothier, § 219.

2. Le projet originaire du Code civil ne portait que ces mots : *Du bas des murailles.* La Cour de Poitiers, pour éviter des contestations faciles à prévoir, fit passer cet amendement dans la loi (Fenet. V, 317).

le fait du locataire. Ce que nous avons dit des carreaux des chambres s'applique également aux parquets (1). Quant aux pavés des remises et cours destinées à recevoir des voitures, des écuries dont les chevaux ne cessent de fouler le sol, des bûchers, des halliers, etc. Toutes les détériorations qui peuvent y arriver n'étant qu'une conséquence de leur usage et non de la faute du locataire, sont à la charge du propriétaire. Mais ces considérations ne sont pas applicables au pavé des petites cours et des cuisines; nous adopterons donc dans ce dernier cas une solution différente.

4° « Aux vitres : » Quand elles sont cassées ou fêlées, le locataire doit les remplacer. Si elles tiennent à des chassis en plomb, la réparation de ces panneaux est à la chage du propriétaire : quant aux verges de fer qui les soutiennent, leur entretien est à la charge du locataire. Ce que nous avons dit des vitres, s'applique aussi aux glaces. Mais si le dommage provenait de la grêle ou de tout autre accident extraordinaire, résultat d'une force majeure, nous rentrerions dans l'application de la loi générale. Le locataire ne répond que de sa faute.

5° « Aux portes, croisées, planches de cloison ou de fermeture de boutique, gonds, targettes et serrures : » Ainsi les contrevents et leurs volets, les chambranles des portes et lambris et généralement, toute la menuiserie d'une maison que l'on désigne ordinairement sous le nom de petit marteau, sont à la charge du locataire, à moins que le dommage ne résulte de la vétusté ou de la force majeure. L'entretien de la serrurerie des fenêtres et armoires, des stores, des balcons, grilles et sonnettes, est également à sa charge, même quand la dégradation ne provient que de l'usure. Le Code a statué d'une manière générale, pour éviter les contestations que des locataires peu soigneux ou de mauvaise foi pourraient trop souvent susciter.

1. Je ne puis comprendre l'idée de M. Treilhard (Locré, XIV, p. 344) qui refusait l'assimilation des parquets et planchers en bois aux pavés et carreaux des chambres, et qui voulait leur appliquer l'art. 1582 : n'y a-t-il pas la même raison de décider? — Lepage, Lois des bâtim., II, 150.

Ici s'arrête l'énumération du Code : pour les autres réparations locatives, il s'en rapporte à l'usage des lieux : sans entrer dans une énumération qui serait trop longue et sans utilité théorique, bornons-
nous à citer les principales réparations locatives qui ont reçu la
sanction d'un usage général.

Le ramonage des cheminées et poëles (1), l'entretien des poulies, des
mains de fer, de la corde des puits et greniers, du piston des pompes,
des mangeoires et rateliers, du jardin attenant à la maison, des vases
de fer, de fayence et de fonte qui s'y trouvent, etc....., rentrent
dans la même catégorie.

Quant au curement des puits et des fosses d'aisances, la loi en charge
le bailleur (1756). L'usage met également à sa charge l'entretien des
tuyaux de descente des eaux pluviales et ménagères.

Bornons là cette minutieuse énumération et résumons les principes de la matière. Le locataire n'est chargé des réparations locatives que parce que la présomption est, quelles sont nécessitées par sa
faute ou par son manque de précaution dans l'usage qu'il a fait de la
chose (2).

Le locataire n'est donc pas chargé des réparations locatives :

1° Quand les faits qui les ont nécessitées rentrent dans l'usage de la
chose.

2° Quand les dégradations proviennent soit du vice, soit des défauts
de construction de la chose.

3° Quand elles sont le résultat de la vétusté, c'est-à-dire d'un usage
continu mais non immodéré.

4° Quand elles ont été causées par un cas fortuit. Dans ces trois
dernières hypothèses, c'est au preneur à fournir la preuve.

5° Quand une clause du bail les a mises à la charge du propriétaire
(1754);

---

2. Arg. art. 1755. — Poth., § 222. — Lepage, II, p. 155.

1. Mais il est bien évident que toutes les réparations autres que les réparations locatives sont également à sa charge, quand le dommage résulte de son fait.

6° Quand la chose qui exige des réparations est commune à plusieurs locataires (1). Dans ce cas, si l'on ne connaît pas l'auteur du dommage, la charge des réparations retombera sur le bailleur, car les locataires, n'étant pas garants les uns des autres, cessent d'être responsables (2).

Le Code n'a consacré aucun article aux réparations locatives des biens ruraux; la doctrine a suppléé à cette omission. Il est bien évident d'abord, que, quant aux bâtiments, les dispositions précitées leur sont applicables. La loi romaine le dit formellement : *Villarum ruram agere debet* (L. 25, § 3, D. *loc. cond.* 19, 2). Quant aux biens ruraux eux-mêmes, le fermier est chargé de l'entretien des haies, des échalas des vignes et houblonnières ou charmiers, du curage des étangs qui se curent dans le cours des baux (3), de la réparation des clôtures de l'héritage, de l'échenillage (4), de l'entretien des pressoirs et vaisseaux vinaires, de l'aire des granges etc..., mais le curage des cours d'eaux, l'entretien de leurs digues et déversoirs sont des charges foncières qui incombent au propriétaire (5).

Après ces règles spéciales, les unes aux baux à loyer, les secondes aux baux à ferme, il nous reste à résoudre quelques questions accessoires communes à ces deux espèces de baux.

Il s'agit du cas où l'on a excédé la mesure des réparations locatives, de l'époque à laquelle on doit les faire, de la juridiction compétente

1. Si le propriétaire occupe un appartement dans la maison louée, on le considère comme l'un des locataires (Pothier, § 223).

2. L'on ne saurait admettre la doctrine de Pothier qui, pour soutenir le contraire, se fonde sur cette présomption que les locataires se sont tacitement soumis à la charge des réparations qu'il est d'usage que les locataires supportent. Quand le Code veut admettre cette solidarité, il l'exprime formellement (1734).

3. Pothier, § 224.

4. Loi du 26 ventôse an IV.

5. La loi a également été muette quant aux réparations des biens qui ne sont ni des maisons d'habitation, ni des terres ; par ex., des usines, des chantiers, des moulins, etc. Le juge devra dans ces matières suivre les principes que nous avons posés plus haut.

pour statuer sur ces matières, et de la prescription de l'action du bailleur.

1° Et d'abord si le preneur a excédé la mesure des réparations loca-tives, s'il a amélioré l'immeuble, a-t-il droit au remboursement de ses impenses? Si les impenses étaient nécessaires, et surtout si elles étaient urgentes il n'y a pas à hésiter. Quant aux réparations utiles ou volup-tuaires, il faut distinguer si les améliorations sont susceptibles de déplacement ou non. Dans le premier cas, le preneur peut toujours les enlever (1); dans le second cas, si les améliorations consistent en addi-tions faites à perpétuité (comme des plantations d'arbres), le bailleur *peut* empêcher le locataire de les enlever, en lui en offrant le prix : il ne le pourrait plus, si elles consistent en additions que le preneur n'a attachées à l'immeuble, qu'avec l'intention de les en détacher un jour.

2° Quant à l'époque où les réparations doivent être faites, ce n'est généralement qu'à la fin du bail que le bailleur a intérêt et droit de s'assurer de l'état des lieux et d'exiger les réparations. Mais dans le cas où leur défaut pourrait occasionner des détériorations majeures, elles acquièrent un caractère d'urgence qui met le bailleur en droit de les exiger immédiatement.

3° Quelle est la durée de l'action du bailleur pour l'exécution des réparations locatives? Le Code est muet à cet égard. Faut-il, par analo-gie, admettre la prescription quinquennale établie par l'art. 2277 pour les loyers et fermages, la prescription d'an et jour, usitée pour cette action, sous l'empire de quelques coutumes, ou la prescription trentenaire? La prescription quinquennale n'est qu'une exception à la règle générale de l'art. 2262. En vertu du principe *exceptio strictissimæ interpretationis,* nous la repoussons; et comme nous ne pouvons recou-rir aux coutumes que dans les cas où la loi nous y autorise formelle-ment, nous retombons, quels que soient les inconvénients d'une si lon-

1. Arg. art. 555. — L. 19, § 4, D. loc. cond. 19, 2. — Pothier, § 151.

gue durée pour une action de si peu d'importance sous l'empire de l'art. 2262, sauf aux juges à n'acueillir une demande si tardive, qu'avec une grande sévérité.

Quant au tribunal compétent pour statuer sur cette matière, « les juges de paix connaissent, sans appel, jusqu'à la valeur de 100 fr., et à charge d'appel, à quelque valeur que la demande puisse s'élever, *des réparations locatives des maisons ou fermes mises par la loi* à la charge du locataire (1) ; mais observons bien que leur compétence extraordinaire se borne aux réparations locatives que la loi ou l'usage a réputées telles. Pour toutes les contestations relatives, soit au caractère à assigner à telle ou telle réparation, soit à la clause qui mettrait toutes les réparations à la charge du preneur, etc., les juges de paix rentrent dans les limites ordinaires de leur compétence.

La loi ne s'est pas contentée, pour assurer au propriétaire l'exécution des charges que nous venons d'énumérer, de les soumettre à la juridiction sommaire et rapide des juges de paix ; elle a affecté le privilége du bailleur sur les meubles à l'exécution de ces réparations (2). Nous ne reviendrons pas sur ce que nous avons dit plus haut de ce privilége ; remarquons seulement que les distinctions que nous avons faites entre les réparations locatives légales ou usagères et les réparations locatives conventionnelles, s'appliquent également au privilége du bailleur.

1. Loi du 25 mai 1838, art. 5.
2. Art. 2102 : Le même privilége a lieu pour les réparations locatives, et pour tout ce qui concerne l'exécution du bail. — L. 2, D. *in quib. caus. pig. vel hyp.*, 20, 2.

CHAPITRE III.

Durée, résiliation et tacite réconduction des baux à loyer.

---

§ 1er.

Durée et résiliation des baux à loyer.

Nous avons vu quelles sont les obligations du locataire antérieures à son entrée dans la maison, ses devoirs pendant la jouissance : il nous reste à voir comment finit cette jouissance, et comment elle peut continuer après l'expiration du terme qui lui a été assigné : tel est l'objet de ce chapitre.

Le principe de la matière se trouve dans les art. 1736 et 1737. «Si le *bail* a été fait *sans écrit*, l'une des parties ne pourra donner congé à l'autre qu'en observant les délais fixés par l'usage des lieux. — Le bail cesse de plein droit à l'expiration du terme fixé, lorsqu'il a été fait *par écrit*, sans qu'il soit nécessaire de donner congé.» La rédaction de ces articles nous paraît vicieuse : à ces expressions : bail fait sans écrit, bail fait par écrit, il faut substituer celles-ci : *bail dont la durée n'a pas été déterminée, bail dont la durée a été déterminée.* Sans cette modification, qui ne fait du reste que rétablir la véritable intention du législateur (1),

---

1. « Si le bail, disait M. Mouricault, est fait *sans écrit, sans terme fixe*, ce bail cesse dès qu'il plaît à l'une des parties » ; et plus loin il continue : « Ce contrat ne cesse pas seulement *par l'expiration du terme fixé pour sa durée* (Locré, XIV, 430). » C'est donc bien du terme et non de la forme intrinsèque qu'il a revêtue, que le législateur a voulu parler. —

il est un grand nombre de questions qui ne pourraient être résolues.

Nous serions amenés, par exemple, à décider dans le cas d'un bail verbal d'une maison, que même, si l'on pouvait prouver, en déférant le serment, que l'on a fait un bail pour un temps déterminé, l'on pourrait, au mépris de cette convention, donner congé en observant les délais d'usage; et que, d'un autre côté, si le bail a été fait par écrit, mais que l'on n'en n'ait pas limité la durée, l'on ne pourra faire usage de la faculté de donner congé? Comment, d'autre part, faire coïncider cette règle qui est générale, avec les dispositions des art. 1774 et 1775 : «Le bail *sans écrit* d'un fonds rural est censé fait pour le temps qui est nécessaire, afin que le preneur recueille tous les fruits de l'héritage.... Le bail des héritages ruraux, *quoique fait sans écrit,* cesse de plein droit à l'expiration du temps pour lequel il est censé fait suivant l'article précédent.» Vainement a-t-on dit que les art. 1736 et 1737 sont spéciaux aux baux à loyer, et que les art. 1774 et 1775 sont spéciaux aux baux à ferme. Cette interprétation, satisfaisante quand il ne s'agit que de maisons et de biens ruraux, est complétement inadmissible quand il s'agit, par exemple, du bail à ferme d'une mine, d'une carrière, etc.

Cette confusion tient, à ce que la durée des baux faits verbalement est ordinairement indéterminée, ou sinon, très-difficile à établir en cas de contestation; tandis qu'il est très-rare de faire un bail écrit sans en limiter la durée.

Ces réserves faites, entrons en matière.

Le bail à loyer, écrit ou verbal, cesse de plein droit à l'expiration du terme fixé, et si l'on n'est pas convenu d'un terme, au moyen d'un congé donné en observant les délais fixés par l'usage des lieux (1736, 1737). Les règles tracées par l'usage, à défaut de convention, pour la fixation des termes, (et par termes nous entendons ici non la limite

— Delvincourt, sur l'art. 1736. — Duranton. XVII, 116. — Duverg. I, 485. — Rouen, 17 mai 1812. S. 12, 2, 310.

fixée au bail, mais l'époque des paiements, le point de départ des délais de congé), varient de province à province, de ville à ville. A Paris, ils sont de trois mois et commencent au 1er janvier, au 1er avril, 1er juillet et 1er octobre (1).

Quand il s'agit d'un appartement meublé, la règle de l'article 1736 subit une exception. Le bail aura pour limites naturelles celles indiquées par le prix; et l'usage, quoiqu'en dise M. Delvincourt (2), ne saurait prévaloir contre cette règle. Si rien ne constate que le bail soit fait à tant par an, par mois ou par jour, la location est censée faite suivant l'usage des lieux (1758). A Paris, l'usage fixe la durée de ces baux à quinze jours (3).

1. A Strasbourg, les usages ont été recueillis en un corps par les soins de MM. les juges de paix, qui, depuis longtemps, les ont admises comme base de leurs décisions. Ce document (qui du reste n'a aucun caractère officiel, art. 5, Cod. civ.) porte relativement aux baux des maisons : «Art. 1er. Les locations, quoique faites à tant l'année, ne sont faites que pour un trimestre : elles continuent toujours par tacite réconduction, à moins de congé. — Art. 2. Le commencement de chaque trimestre est aux époques suivantes : Notre-Dame de Mars, au 25 mars ; la St-Jean, au 24 juin ; la St-Michel, au 29 septembre ; Noël, au 25 septembre. C'est le lendemain de ces échéances que les mutations se font, à moins que ce ne soit nn jour férié. — Art. 3. Les délais de dénonciation varient d'après le loyer annuel et la nature du logement : on exige six semaines pour un loyer qui n'excède pas 400 fr., trois mois pour un loyer de 400 à 1000 fr., six mois pour un loyer au-dessus de 1000 fr. — Les délais sont doubles s'il s'agit de magasins, ateliers à feu, débits, professions débitant directement sur la rue avec enseigne. — Les bouchons ne sont pas dans cette catégorie, et sont considérés comme tels, les petits débits ou cabarets dans lesquels le propriétaire débite la boisson qu'il achète par petites provisions pour les détailler. — Les caves louées séparement du logement et servant de magasins de vins ou d'autres marchandises, les greniers loués séparément comme magasins de blé ont également un délai double. C'est l'état de localité au moment de l'entrée, qui fixe la catégorie, et non celui dans lequel le locataire l'aurait transformé, à moins que le logement n'ait été loué que pour être transformé en magasin. — Art. 4. La dénonciation doit être faite au plus tard, la veille des délais indiqués ci-dessus : savoir, pour les six semaines au plus tard le 10 février, 11 mai, 15 août, 12 novembre.

2. T. III, not. p. 202.

3. Usages de Strasbourg : Document précité. Art. 6. «Les chambres garnies sont censées être louées au mois. La dénonciation doit être faite dans la quinzaine. Le mois se

« Le temps du louage fini, dit Loisel (1), le locataire a huit jours pour vuider, après lesquels il y est contraint par exécution et mise de ses meubles sur les carreaux.» Le Code ne s'est pas prononcé sur la durée de ce délai; mais il est évident qu'il variera suivant le prix du loyer et la destination de la maison. C'est au juge à l'apprécier en cas de contestation; mais comme il ne s'agit que d'un délai de grâce accordé au locataire, uniquement dans le but de lui faciliter son déménagement, si le preneur l'exigeait sans besoin et dans l'intention de nuire au propriétaire, le juge ne devrait pas, malgré tout usage contraire, le lui accorder.

Si le locataire reste en possession, le bailleur pourra-t-il, *de sa propre autorité*, faire procéder à l'éjection des meubles sur le carreau, ou selon l'usage de certaines provinces, à l'enlèvement des portes, fenêtres contrevents, toiture, etc. Troplong (2) adopte cette opinion: nous ne pouvons la partager, et nous nous fondons, d'une part, sur la maxime: nul ne peut se faire justice à soi-même, et de l'autre sur l'art. 3 de la loi du 25 mai 1838 qui a soin de fixer le juge compétent en cette matière. «Les juges de paix, connaissent, sans appel jusqu'à la valeur de 100 francs et à charge d'appel à quelque valeur que la demande puisse s'élever.... des expulsions de lieux.... lorsque les locations verbales ou par écrit n'excèdent pas annuellement à Paris 400 francs, et 200 francs partout ailleurs.»

compte du jour de l'entrée, et c'est à cette époque que doivent se rapporter les dénonciations.»

1. L. III, t. 6, n° 11.

2. Tropl., II, § 457. — Nancy, 7 août 1834. Tropl., *loc. cit.*

§ 2.

De la tacite réconduction dans les baux à loyer.

Le contrat de louage est parfait par le consentement des parties, mais nulle solennité n'est requise pour ce consentement, il peut même être tacite. Si donc à l'expiration du bail écrit ou verbal, le locataire continue sa jouissance, si, de son côté, le bailleur *connaît* le fait du preneur et ne s'y oppose pas, il se forme un nouveau bail dont la durée est réglée par les dispositions de l'article 1736 et 1759. Le locataire est censé occuper les lieux aux mêmes conditions que celles du bail antérieur (1). Il ne peut plus en sortir ni en être expulsé qu'après un congé donné suivant le délai fixé par l'usage (1758, 1759).

Mais nous avons ici deux questions importantes à résoudre.

Qu'elle doit être la durée de l'occupation nécessaire pour opérer la tacite réconduction? Sous l'ancienne jurisprudence, cette question avait reçu diverses solutions.

La réconduction d'après un premier système avait lieu si à l'expiration du bail il n'y avait pas eu dénonciation faite par l'une ou l'autre des parties (2). — Un second système faisait résulter la réconduction de la continuation de jouissance, ne fût-elle que d'un jour (3).

---

1. *Renovare locationem pro eodem pretio , salario , cum omnibus pactis , modis , et clausulis quœ erant in primo.* — Godofr., *ad L.* 14, D. *loc. cond. ,* 19, 2.

2. «Qui jouit et exploite un héritage, après le terme fini, *sans aucune dénonciation,* peut jouir un an après à pareil prix que devant.» (Loisel, III, t. 6, n° 10. — Bourbonnais, 124. — Sens, 258. — Auxerre, 149, etc.) Mais les coutumes qui s'accordaient sur la nécessité de la dénonciation pour empêcher la réconduction différaient, quant à l'époque à laquelle cette dénonciation devait être faite, pour être valable. — Quelques-unes étendaient l'application de ce principe aux baux à ferme.

3. Le locateur ni le locataire ne sont point obligés d'avertir par écrit ou autrement,

D'autres enfin exigeaient une jouissance continuée pendant un certain temps, mais elles n'étaient pas d'accord sur sa durée (1).

Lequel de ces systèmes faut-il adopter? En présence des articles 1738 et 1759 qui exigent formellement une jouissance après l'expiration du bail, nous écarterons le premier système qui la fait résulter du défaut de dénonciation. (Remarquons que le Code a aboli cette dénonciation, quel que soit l'usage contraire des lieux, mais qu'il n'a pas aboli le congé pour les baux d'une durée indéterminée, et qu'il s'en réfère au contraire aux usages.)

Quant aux deux autres systèmes, nous ne nous prononcerons pas d'une manière formelle. M. Jollivet avait proposé au Conseil d'État la rédaction suivante : «Si le preneur est laissé en possession pendant le temps nécessaire pour faire présumer qu'il y a tacite réconduction.» (2) Par un inconcevable oubli, cette rédaction, qui avait été adoptée, n'a pas passé dans la rédaction définitive. Elle n'en subsiste pas moins. C'est donc une question d'appréciation et, tout en consultant les usages, les juges trouveront presque toujours dans les faits un indice de la véritable intention des parties.

La seconde question que nous avons à résoudre consiste à fixer la durée du bail à loyer, formé par tacite réconduction. La tacite réconduction est un bail sans écrit, un bail dont la durée n'a pas été fixée; qui tombe par conséquent sous le régime de l'article 1736. Le locataire ne pourra donc être expulsé qu'après un congé donné suivant le délai fixé par l'usage des lieux (1759). Ainsi même dans les provinces où les termes marquent non-seulement l'époque à laquelle on doit payer les loyers et donner congé, mais encore celle à laquelle commencent et finissent les baux, où par conséquent la réconduction avait

---

qu'ils n'entendent pas continuer la location : *Dies interpellat pro homine.*» (Fourré sur la cout. de Blois.)

1. Orléans, 420. — Lille, 10, chap. 15.

2. Locré, XIV, p. 340.

une durée déterminée (1), on ne saurait s'affranchir de l'obligation de signifier un congé préalable.

Dans le cas où les contractants seraient convenus de ne pas renouveler le bail par tacite réconduction, la question s'est élevée de savoir si, nonobstant cette clause, la réconduction pourrait être admise. Quelque formelle que soit cette convention, il est évident qu'elle peut être abrogée par le consentement réciproque des parties, et que ce consentement peut être tacite : ce sera donc au juge à décider s'il résulte des faits, que le bailleur ait eu l'intention de renoncer à cette clause. Cette observation générale s'applique également aux baux à ferme.

CHAPITRE IV.

De la loi Æde.

§ 1er.

Notions historiques.

Parmi les documents que nous fournit la législation romaine sur la matière qui nous occupe, il n'en est pas de plus célèbres que la loi *Emptorem* et la loi *Æde*. La première décidait que l'acheteur (et en général tout successeur particulier) n'était pas tenu d'entretenir le bail passé par le vendeur (ou son auteur). Le Droit germanique avait également sanctionné ce privilége inique du bailleur dans ce célèbre adage : *Kauf gehet vor Miethe*. Comme cette loi est commune à toutes

---

1. Orléans.

les espèces de louage, nous n'avons pas à nous en occuper plus long-temps. Il n'en est pas de même de la loi *Æde* qui est particulière aux baux à loyer. En voici le texte : «*Æde quam te conductam habere dicis, si pensionem domino in solidum solvisti, invitum te expelli non oportet, nisi propriis usibus dominus eam necessariam probaverit.......*» (1) Cette constitution, qui émane d'Auguste, autorise l'expulsion du locataire dans le cas où le propriétaire voudrait venir lui-même occuper la maison.

Ce droit exorbitant, qui n'est pas fondé sur la raison naturelle, qui est purement arbitraire et contraire aux principes généraux (2), qui ne veu-lent pas que l'un des contractants puisse, à son gré et selon son caprice ou son intérêt, rompre le lien qui naît du concours de deux volontés, passa dans notre ancienne jurisprudence, entraînée par un respect aveugle pour ce qu'elle croyait les droits légitimes du propriétaire. Le *seigneur d'hôtel* affirmait par serment vouloir occuper la maison, cela suffisait pour faire rompre le bail et renvoyer le locataire; et il jouis-sait de ce droit, quand même il eût promis au preneur de ne pas l'ex-pulser (3).

Néanmoins, alors déjà l'on comprenait ce qu'avait d'exorbitant un pareil privilége, car on chercha à le restreindre. Refusé d'abord au propriétaire par indivis, et au locataire principal vis-à-vis de ses sous-locataires, on ne tarda pas à le contester également à l'usufruitier: mais le propriétaire ne vit porter aucune atteinte à ses droits. Loin de là; l'indemnité que, dans le principe (4), le locataire expulsé obte-nait, outre la diminution du loyer, les parlements finirent par la lui refuser complétement (5).

1. L. 3. C., *loc. cond.*, 4, 65.
2. Pothier, § 341 et 486.
3. D'Espeisses, Louage, sect. V, § 10. — Ferron, *in consuet. Burdig.* L. 1, t. 3, § 2. — Covar., n° 4, *vers. ex quo.* — *Contra*, Dijon, 26 juillet et 21 novembre 1566. Bouvet, au mot *Locat.*, *part.* 2, *quæst.* 1 et 2.
4. D'Espeisses, *loc. cit.*, § 11. — Accurse *ad Leg. Æde.* — Ronchin, part. 1er, concl. 66.
5. Parl. de Paris, 31 janv. 1670. — Brodeau sur Louet, lettre L, t. 4. — Parl. de Paris 1648, confirm. une sentence du Châtelet. Sœfre, cent. 11, chap. 71. — Pothier, § 337.

La Constituante respecta la loi *Æde* (1) ; mais lors de la discussion du Code civil, elle avait perdu la plupart de ses apologistes et ne fut que faiblement défendue. Le conseil d'État l'abrogea dans l'art. 1761, tout en permettant aux parties de la faire revivre dans le bail par une convention spéciale (1762).

§ 2.

Du droit d'expulser le locataire, pour occuper la maison, sous le Code.

Plusieurs questions se présentent sous cette rubrique : et d'abord le bailleur qui userait de ce droit serait-il tenu d'indemniser le locataire ? Nous avons vu combien l'ancienne jurisprudence avait varié sur ce point, bien que dans les derniers temps, elle se soit fixée à la négative. M. Duvergier, seul de tous les commentateurs modernes, soutient le principe de l'indemnité (2). Il se fonde sur l'analogie des articles 1744 - 1747 pour le cas où le propriétaire, qui s'est réservé le droit d'expulsion, vend sa maison, et où il est obligé d'indemniser le preneur. A ce raisonnement l'on peut répondre, d'abord, que la position du bailleur qui vend et de celui qui veut occuper la propriété n'est nullement à assimiler. Dans le second cas, c'est toujours un motif personnel et impérieux qui nécessite la rentrée en jouissance du bailleur et l'expulsion du locataire : dans le premier, c'est ordinairement l'intention de bénéficier sur le prix de vente, de changer de propriété, de donner à ses capitaux une autre direction, etc. ; la situation du bailleur n'est donc pas identique dans les deux cas, et il ne serait pas équitable, dans l'espèce, d'argumenter comme dans le cas de vente, du principe : *Nemo damno alterius locupletior fieri debet.* — D'un autre côté, ne peut-on pas dire que le principe : *Nemo lædere videtur qui jure suo utitur,*

1. Néanmoins alors déjà elle tombait en désuétude. — Locré, XIV, p. 347.
2. Duverg., II, 11. — Contra. Tropl., II, 626.

sur lequel nous nous fondons, est un principe général, et que, si dans le cas de la loi *Emptorem*, il lui a été fait exception, on ne saurait en conclure par analogie, dans le cas de la loi *Æde ?*

La discussion qui a eu lieu au conseil d'État, nous montre encore plus clairement l'intention du législateur. L'art. 1762 portait : «Le bailleur n'est tenu *que* de signifier un congé.» M. Bigot Préameneu dit que cette locution restrictive n'avait pour objet que de faire connaître que le bailleur ne devait pas de dommages-intérêts au preneur. Cette déclaration formelle ne fut attaquée par personne : néanmoins cette locution disparut sur la demande de M. Defermon, parce que, disait-il, elle semble supposer que le bailleur n'est soumis à aucune autre condition et qu'il peut, en conséquence, louer sa maison à une autre personne, après en avoir expulsé le preneur, sous prétexte de l'habiter lui-même (1). L'observation de M. Bigot subsiste donc avec toute sa valeur.

Quant aux cas dans lesquels le bailleur, qui s'est réservé le droit d'expulsion, peut user de cette faculté, nous avons plusieurs remarques à faire : Il faut : 1º qu'il ait réellement besoin de sa maison ; *usibus necessariam*, et non pas qu'il agisse dans un but vexatoire : ce qui sera une question de fait pour les tribunaux.

2º Que la position dans laquelle il se trouve, ne soit point antérieure à la passation du bail, sans quoi il ne saurait arguer du besoin qu'il a de sa maison (2).

3º Que la circonstance qui le fait agir soit imprévue, sinon en elle-même, du moins quant au moment de son arrivée : *Propter inopinatos casus* (Baldus).

4º Il doit avoir besoin de sa maison, *propriis usibus* ; c'est-à-dire, qu'il ne saurait en faire profiter des étrangers ; mais il pourrait y loger sa femme et ses enfants, s'ils vivaient en commun avec lui. (3) On ne sau-

1. Locré, XIV, 548.

2. «*Si opus habeat ex improviso post tempus contractus*,» — Brunemann, *ad Leg.*, 35. D. h. t.

3. «*Propter summam ejus modi personarum inter se conjunctionem.*» (Godof., *ad Leg. Æde.*)

rait supposer qu'un père, dans une pareille stipulation, a voulu faire abstraction de ses enfants.

5° Il faut qu'il ait signifié d'avance un congé à l'époque déterminée par l'usage des lieux (1762).

CHAPITRE V.

De la sous-location et de la cession dans les baux à loyer.

Le locataire a le droit de sous-louer et de céder son bail à un autre, si cette faculté ne lui a été interdite (1717). Mais, comme il ne peut transférer plus de droits qu'il n'en a lui-même, le sous-locataire ou le cessionnaire est soumis, pour sa jouissance, aux mêmes obligations que le locataire principal. Il devra, comme lui, se conduire en bon père de famille, et ne pourra changer la destination de l'habitation. Ainsi, d'une maison bourgeoise il ne pourra faire une auberge, ni d'une auberge louée comme telle, une maison bourgeoise (1). Le locataire ne pourra pas davantage sous-louer à des personnes exerçant des professions incommodes et bruyantes, ou d'une moralité suspecte (2), le résultat étant, dans les deux cas, d'écarter les locataires honnêtes et tranquilles, et, par suite, de causer une dépréciation notable à la

— Il en serait différemment si ses enfants n'habitaient plus avec lui. (Ferrières sur Paris, a. 171.)

1. Poth., § 280.

2. Le seul fait de leur introduction dans la maison suffirait pour faire rompre le bail. «*Propter meretrices inductas potest locator conductorem ante tempus expellere.*» Brunem. VII, 8, 1, § 6. — Du reste, l'on a toujours été très sévère sur ce changement apporté à l'usage des lieux. «*Studiosus*, disait Brunemann (*ad L. 4, D. h. t.*), *de domo conducta ante tempus recedens, jure alium rixosum surrogare non potest.*» Et la Cour d'Aix (31 janv. 1833. S. 35, 2, 486) a jugé qu'un locataire ne pouvait sous-louer à un cercle littéraire, à cause, disait-elle, des inconvénients qui peuvent en résulter pour le propriétaire et les autres locataires.

maison : aussi cette obligation subsiste, quand même le propriétaire aurait autorisé le locataire à sous-louer *à qui bon lui semble*, une pareille clause n'étant regardée que comme de style.

Si le bail porte défense de sous-louer en tout ou en partie, le preneur devra respecter cette clause. Il ne pourra forcer le propriétaire à résilier le bail en lui offrant des dommages-intérêts, ni à agréer un sous-locataire, même s'il présentait toutes les garanties désirables. Jadis la jurisprudence, moins rigoureuse, du Châtelet, de Paris et d'Orléans permettait au locataire, en dépit de toute clause contraire, de sous-louer, à la condition de présenter un sous-locataire *æque idoneum*, c'est-à-dire, tel qu'il fût indifférent au propriétaire que ce fut lui ou le premier locataire qui occupât la maison. Le propriétaire pouvait bien faire résilier à la condition de venir occuper lui-même les lieux, mais il ne pouvait forcer le locataire à renvoyer son sous-preneur et à jouir par lui-même, parce qu'il n'avait pas d'intérêt à le demander ; «et qu'il est de la nature des conventions *ut ex pacto consequamur, id quod nostra interest, non ut sine ullo nostro commodo, alteri tantum noceamus*(1).» Ce tempérament qu'avait apporté l'équité aux rigueurs de la loi n'a pas été admis par le Code, et c'est probablement pour ne laisser aucun doute à cet égard, que l'art. 1717 porte ces mots : *Cette clause est toujours de rigueur*.

On avait encore été plus loin jadis : Denizart va jusqu'à dire que la *simple* clause portant défense *de sous-louer la maison* n'était enfreinte que par une sous-location totale, mais que le propriétaire n'était pas admis à se plaindre d'un sous-bail partiel et à demander résolution du contrat; à moins que la convention ne s'exprimât formellement à cet égard. Sous l'empire du Code, la clause prohibitive de l'art. 1717 s'applique à toute sous-location partielle ou totale (2), et c'est à tort, que les Cours de Bruxelles et de Paris (3), méconnais-

1. Poth.§ 283.
2. Amiens, 22 juin 1822. S. 24, 2, 44.
3. Brux., 17 juill. 1821. D. A., Louage, p. 923. — Paris, 6 mai 1835. S. 35, 2, 305.

sant le texte formel de l'art. 1717, ont suivi la doctrine du Châtelet.

Néanmoins la défense de sous-louer n'empêcherait pas le locataire de faire occuper gratuitement la maison par un ami ou par des domestiques; car, d'après les principes du louage, le preneur a droit de jouir comme le propriétaire lui-même, sauf les restrictions conventionnelles apportées à ce droit (1).

Le sous-locataire est obligé directement et personnellement à l'égard du propriétaire de ce qu'il doit à son propre bailleur (2). Il peut se libérer, en versant son loyer entre les mains du propriétaire, ou en prouvant, même par quittance sous seing-privé (3), qu'il a déjà payé au locataire principal. Quant aux paiements faits par anticipation au locataire, pour éviter tout concert frauduleux entre ce dernier et le sous-preneur, ils seront non avenus vis-à-vis du bailleur originaire : ne sont pas réputés faits par anticipation, les paiements faits par le sous-locataire, soit en vertu d'une stipulation portée en son bail, soit en conséquence de l'usage des lieux (1753). Le bailleur pourrait néanmoins prouver la fraude.

Quant au privilége sur les meubles du sous-locataire, ils ne seront engagés, vis-à-vis du bailleur originaire comme vis-à-vis du sous-bailleur, que jusqu'à concurrence de ce qu'il doit; c'est-à-dire, que le propriétaire ne saurait les saisir pour la totalité du loyer, mais seulement pour la portion qu'il a droit d'exiger.

Ces règles sur le prix de la sous-location et sur le privilége du bailleur sont, comme l'art. 1753 qui les renferme, applicables aux baux à loyer et aux baux à ferme. Nous n'y reviendrons plus.

1. Locré, XIV, 330.
2. L. 11, § 5. D. de pign, act., 13, 7.
3. Bes., 15 fév. 1827. D. 33, 2, 147. — Toullier, VII, 84. — Duvergier, I, 385.

DEUXIÈME PARTIE.

RÈGLES PARTICULIÈRES AUX BAUX A FERME.

Si nous considérons les baux des biens ruraux relativement à la prestation que doit fournir le preneur, nous les verrons se diviser en deux classes bien distinctes : tantôt le canon consiste dans une quantité déterminée d'argent ou de fruits, tantôt il consiste dans une quote-part proportionnelle du produit de la terre. Dans le premier cas, c'est le bail à ferme ordinaire; dans le second, le colonage ou bail partiaire, et alors le preneur prend spécialement le titre de colon partiaire ou métayer.

CHAPITRE PREMIER.

Du bail à ferme proprement dit.

Nous diviserons l'étude du bail à ferme en trois sections : dans la première, nous traiterons des obligations du fermier quant au mode de jouissance; dans la seconde, de ses obligations quant au prix. La durée des baux à ferme et leur tacite réconduction nous fourniront la matière d'une troisième et dernière division.

SECTION PREMIÈRE.

DU MODE DE JOUISSANCE DU FERMIER.

Tout preneur de bail doit user de la chose louée en bon père de famille, et suivant la destination qui lui est propre (1728). Les règles que nous avons à tracer dans cette section, ne sont que des conséquences spéciales de ce principe.

I. Le fermier garnira la ferme des bestiaux et ustensiles nécessaires à son exploitation (1766). Le but de cette obligation est de garantir une bonne culture de sa part, plutôt que de donner au propriétaire un gage pour les loyers : en conséquence, on considérera le fermier comme ayant satisfait à son obligation, non si le bétail et les ustensiles sont un gage suffisant des fermages, mais s'ils sont proportionnés aux besoins de l'exploitation. Le fermier sera même complétement libéré de cette obligation de garnir, dans le cas où le propriétaire (comme cela arrive souvent dans la pratique) aurait fourni les bestiaux et les instruments en nombre suffisant pour les besoins de la ferme (1).

II. Il doit cultiver en bon père de famille (2), c'est-à-dire ne pas abandonner la culture d'une part, et, de l'autre, il doit s'abstenir des moyens qui pourraient actuellement multiplier les produits de la ferme, au préjudice des personnes qui doivent posséder après lui, et au préjudice surtout du fonds lui-même; le tout sous peine de résiliation du bail; et au cas échéant de dommages intérêts.

Ainsi le fermier d'une vigne doit la bien façonner, la bien fumer, la bien entretenir d'échalas convenables (3); s'il s'agit de terres, il ne

1. Observ. de la Cour de Limoges. — Fenet., IV, 24.
2. Paul, L. 2, t. 18. — Excepté dans le cas de force majeure affectant le fonds lui-même, et non pas exclusivement personnelle au fermier.
3. Pothier, § 190.

lui sera pas permis de les marner sans l'autorisation du bailleur, parce que cet engrais les dégrade et les appauvrit.

Pourra-t-il les dessoler? Cette question exige quelques observations préalables sur ce système agricole.

L'assolement est une manière de cultiver, usitée dans plusieurs provinces, dans le but de ne pas épuiser les fonds par une production incessante : elle consiste à diviser les terres labourables en soles ou saisons, et à en laisser toujours un tiers en jachères ; de sorte qu'il n'y en a jamais que deux tiers d'ensemencés, savoir l'un en grains d'hiver, l'autre en grains de mars. — Ce mode de culture était-il le plus favorable au développement de la production agricole? L'industrie d'une part, la science de l'autre, remarquèrent bientôt que la terre pouvait se reposer tout en produisant, et que, par la multiplication des engrais et un alternement habile des semences, l'on pouvait augmenter les produits sans rien soustraire à l'agent de production. Cette découverte ne date pas de nos jours; Virgile déjà dans ses Géorgiques (I. 82) parle de ce mode de culture.

Sic quoque mutatis requiescunt fœtibus arva.

Varron et Columelle (1) ne sont pas moins explicites. — Malheureusement les réformes sont encore plus difficiles en agriculture que partout ailleurs. La France resta longtemps fidèle au système de l'assolement, et, dans quelques-unes de ses provinces, la culture par assolement était d'obligation stricte. Fruit de l'ignorance des peuples, aux premiers âges de l'agriculture, nous ne devons pas nous étonner que la jachère ait été érigée en loi dans certaines coutumes (2), et que de là elle soit descendue dans les protocoles intrumentaires; mais aujourd'hui qu'une

1. «*Agrum alternis annis relinqui oportet, aut paullo levioribus sationibus serere, id est, quæ minus sugunt terram.*» Varron I, c. 44. — «*Non igitur fatigatione, nec senio sed nostra scilicet inertia minus benigne nobis arva respondent. Licet enim majorem fructum percipere, si frequenti et tempestiva et modica stercoratione terra refoveatur.*» Colum. II. c. 1.

2. Douai, ch. 13, art. 4. — Lille, t. 16, art. 5 et 6.

partie de la France, répondant à l'initiative hardie donnée par les provinces du Nord, a adopté la substitution de l'assolement alterne à l'assolement triennal, nous avons à nous demander, quelle est la valeur de cette défense de dessoler que l'on retrouve encore dans les actes?

Le fermier peut-il, au mépris de cette clause, cultiver la partie des terres qui devaient rester en jachère?

Sous l'empire de l'ancienne législation, les parlements des provinces du nord avaient fini par écarter cette clause comme l'expression d'une réserve de style ; et le dessolement pouvait être justifié par l'usage, quoiqu'il fut expressément défendu dans les baux (1). Mais sous l'empire du Code, que faut-il décider?

En présence de l'article 1134, nous sommes obligés de reconnaître que la prohibition de dessoler est licite et qu'elle est obligatoire pour le fermier, quel que soit d'ailleurs l'usage contraire suivi dans la localité : il ne peut dépendre du preneur de se délier des engagements contractés dans son bail, pour se conformer à telle ou telle pratique agricole, après qu'il a formellement renoncé à en faire usage. Si la prohibition est accompagnée d'une clause pénale, les tribunaux devront l'appliquer : mais si le bail parle seulement de dommages-intérêts, et que le fermier, en dessolant, *n'ait causé aucune dépréciation au fonds,* il ne saurait être condamné ; car il n'a occasionné aucun préjudice au bailleur, et le principe de toute action en dommages-intérêts réside dans le tort que l'on a éprouvé (2).

Réciproquement, regarderons-nous comme abandon de culture, le fait de l'assolement triennal, dans le cas où le bail autorise à dessoler,

---

1. Cons. sup. d'Arras, 12 fév. 1772. — Cons. provinc. d'Artois, 18 janv. 1777. — Parl. de Paris, 22 août 1782. Merlin, Rép. v° Assol.

2. Douai, 20 mars 1846. D., 47, 2, 207. — Si le dessolement avait produit quelque préjudice au propriétaire, ce qui résulterait, par exemple, d'une culture successive et non interrompue de graminées, sans emploi de plantes oléagineuses, le bailleur pourrait obtenir des dommages-intérêts proportionnés au tort qu'il éprouve.

et si tel est l'usage du pays? Nous ne le pensons pas : il n'y a pas dans ce cas véritablement abandon de la culture du fonds, car le fermier ne laisse des jachères que dans l'idée de rendre la terre plus productive pour la sole suivante ; et, d'un autre côté, l'assolement d'un tiers des terres ne produit jamais une perturbation comparable à celle de l'abandon total du fonds.

III. Le fermier ne doit pas employer la chose louée à un autre usage que celui auquel elle a été destinée (1). Il ne pourra détruire les étangs, arracher les vignes pour les mettre en terres labourables, parce que ce sont autant d'actes qui altèrent la valeur du fonds : mais il pourra planter des terres en vignes, dessécher des marais pour les mettre en culture, en un mot, faire les changements qui ne peuvent nuire au propriétaire et auxquels celui-ci ne pourrait s'opposer que par pure malice.

Il ne pourra divertir ni les pailles ni les fumiers. Ces produits sont essentiellement destinés à l'engrais des terres, et ne peuvent dans aucun cas, compter parmi les produits de la ferme (2).

8. Art. 1723, 1729, 1766. — Le droit de chasse appartient-il au fermier? La loi du 3 mai 1844 laisse cette question indécise : c'est aux anciennes doctrines qu'il faut recourir pour la résoudre. Il existe trois systèmes différents. Le premier accorde le droit de chasse exclusif au fermier, par le motif que la chasse étant, de nature à être affermée, est un produit de la propriété (Duverg., I, 73. — de Gasparin, Guide des propr. rur. — Brux., 6 nov. 1822. D. P. 1, 517. — Brux., 25 fév. 1826). Le second, professé par Duranton (IV, 286) et Proudhon (Dom. de propr., n° 382) attribue le droit de chasse concurremmemt au propriétaire et au fermier. Le troisième système considère la chasse non comme un produit de la propriété, mais comme un simple droit voluptuaire lié aux attributs de la propriété, lorsque le contrat ne l'en a pas spécialement détaché pour le faire passer au fermier. Ce dernier système, qui nous semble le plus équitable, est soutenu par la majorité des auteurs (Toullier, IV, n° 19 ; Tropl., I, § 161 ; Merl., Quest., v° Chasse, § 8 ; Berriat-Saint-Prix, Législ. de la chasse, p. 133, etc.) et par une jurisprudence constante (Paris, 19 mars 1812 ; Cass. 13 nov. 1818 ; Angers, 14 août 1826 ; Cass. 12 juin 1828 ; Paris, 8 janv. 1836 : D. P. 1, 512, 514. — 28, 1, 282. — Cass. 4 juill. 1845 ; D. 45, 1, 351.

2. Ils sont regardés comme un accessoire du fonds. 1778. — Arg. art. 1824. — Observ. de la Cour de Nismes, sur l'art. 1824. Fenet. V, 25.

Il en est de même des fourrages, tels que foin, sainfoin, trèfle, etc., qui servent à la nourriture des bestiaux : cette prohibition s'applique aux fourrages des prairies artificielles, comme à ceux des prairies naturelles ; et le bailleur, en cas de distraction des denrées précitées, aurait droit d'exiger des dommages-intérêts, quand même il aurait laissé écouler le bail sans se plaindre (1).

Néanmoins les tribunaux sauront, dans tous ces cas, concilier les besoins de la ferme avec les usages et la liberté d'exploitation que doit avoir le fermier. Ainsi la défense de disposer des fumiers cesse, quand le preneur peut y suppléer par le parcage des bêtes à laine, ou par des engrais artificiels (2). Il pourra également faire de ses fourrages un objet de spéculation, pourvu que les besoins de la ferme soient assurés, etc.

IV. Le preneur devra exécuter de bonne foi toutes les clauses spéciales contenues en son contrat, sous peine de résiliation du bail, et s'il en est résulté un tort pour le bailleur, de dommages-intérêts (1766).

V. Le preneur est tenu d'engranger aux lieux à ce destinés d'après le bail (1767). Nous ne reviendrons pas sur cette matière traitée plus haut (page 7).

VI. Le preneur est tenu d'avertir le propriétaire des usurpations et des troubles *de fait* (3), qui peuvent être commis sur le fond (1768).

Le propriétaire n'est pas présent aux faits de la possession du preneur, et ses droits seraient gravement compromis, s'il était permis à ce dernier de négliger les actes conservatoires de la propriété, ou de

---

1. Bourges, 9 juill. 1828. D., 29, 2, 283.

2. Merlin, Questions de Droit, vᵒ Fumier, § 2.

3. L'usurpation consiste dans un envahissement, proprement dit, une anticipation *matérielle* du fonds. Les troubles comprennent tous les faits qui portent atteinte au droit de propriété ou à la possession et qui constituent ce qu'on appelle une entreprise. (Tropl., II, § 689.) Quand ils se manifestent par des actes effectifs, tels que le refus d'une servitude légalement due, l'exercice d'une servitude que l'on n'a pas, ils sont désignés sous le nom de troubles de fait. S'ils se manifestent par des actes judiciaires ou extra-judiciaires, ils prennent le nom de troubles de droit.

garder le silence sur les entreprises qui pourraient être tentées. Il doit donc avertir le propriétaire de toutes les usurpations que pourraient commettre des tiers.

Devra-t-il aussi dénoncer les troubles de droit ? — Telle n'est pas notre opinion. L'article 1768 ne parle que des usurpations, et ce n'est ni un oubli ni une réticence ; car à propos des obligations de l'usufruitier (614) le législateur n'a pas omis de dire : «Si pendant la durée de l'usufruit, un tiers commet quelque usurpation sur le fonds, ou attente autrement *aux droits du propriétaire* ... » Et voici la raison de cette différence : l'usufruitier ayant la propriété utile du domaine, c'est à lui que doivent s'adresser toutes les prétentions des tiers sur le fonds, et c'est pour cela que, dans tous ces cas il doit, sous sa responsabilité personnelle, avertir le propriétaire, soit qu'il s'agisse d'usurpations sur le fonds ou de toute autre atteinte à ses droits. Le fermier au contraire, n'ayant qu'un droit transitoire, et borné à la récolte des fruits, ne peut valablement connaître que les troubles et voies de faits : ce sont les seuls qu'il soit tenu de dénoncer. Comme les troubles de droit lui sont étrangers, qu'il n'est pas le représentant du bailleur, mais le simple détenteur du fonds, les actions des tiers contre le fermier ne peuvent être opposées au bailleur, ni comme troubles apportés à la possession annale, ni comme interruption de la prescription trentenaire : elles n'ont contre lui aucune valeur, aucun effet, et comme elles ne peuvent lui nuire, le fermier n'est pas tenu de l'en avertir. Telle est également l'opinion de Pothier : «Ce n'est pas, dit-il, contre un fermier ou un locataire que procèdent les actions des tiers qui prétendent le droit de propriété, ou quelque autre droit dans l'héritage qui lui a été donné à ferme ou à loyer ; c'est contre le locateur de qui il les tient à loyer ou à ferme et qui est le vrai possesseur de l'héritage ; et si le locataire ou fermier est assigné par un tiers sur quelqu'une de ces actions, il n'est pas obligé de défendre, ni par lui-même ni par un autre : il n'a pas même qualité pour le faire : il n'est obligé à autre chose qu'à indiquer au demandeur la personne de qui il tient l'héritage à loyer ou à ferme, et, sur cette indication, il doit être renvoyé de la demande, et le demandeur renvoyé à se pourvoir contre cette personne (1).»

Le preneur ne sera donc tenu de dénoncer que les troubles de fait et les usurpations. Il devra donner cet avertissement au bailleur dans le même délai que celui qui est réglé, en cas d'assignation, suivant la distance des lieux (art. 1768, C. civ., 72, 73, 1033, C. de proc. civ.), à peine de dommages-intérêts, s'il était résulté quelque préjudice de son retard. Cet avertissement pourra être donné verbalement, par écrit ou par acte extrajudiciaire, sauf au fermier à choisir, à ses risques et périls, l'une ou l'autre de ces formes suivant ses relations avec le propriétaire et la confiance qu'il a en lui.

VII. Enfin le fermier sera tenu, à son départ, «de laisser les pailles et engrais de l'année, s'il les a reçus lors de son entrée en jouissance; car il doit rendre la ferme dans l'état où il l'a reçue ; et quand même il ne les aurait pas reçus, le propriétaire pourra les retenir, suivant une estimation faite par experts (2).» L'intérêt de l'agriculture exigeait que la ferme fût toujours approvisionnée de ce produit si important pour son exploitation ; et cette mesure, tout en pourvoyant à ses besoins, ne nuira pas au fermier sortant, qui d'une part, sera indemnisé, et de l'autre, trouvera dans la nouvelle ferme ce qu'il laisse dans l'ancienne.

«Le fermier sortant doit de plus laisser à celui qui lui succède dans la culture, les logements convenables et autres facilités pour les travaux de l'année suivante;· et réciproquement, le fermier entrant doit

---

1. Poth., § 91. — Duv., II, § 114. — En sens contr. : Troplong, II, § 33. L'arrêt que cet auteur invoque en faveur de son opinion (Cass. 12 oct. 1814. S. 15, 1, 124) n'est pas aussi décisif qu'il semble le croire. «Attendu, porte-t-il dans ses motifs, que les défendeurs (les tiers) avaient fait signifier aux fermiers des demandeurs (les propriétaires) les actes extrajudiciaires *que les demandeurs ont* PRIS *pour trouble à leur possession....* » etc. La Cour n'affirme pas que les actes en question troublaient la posséssion des propriétaires : elle se contente d'admettre leur hypothèse, ce qui est bien différent.

2. A. 1778. — Observ. de la Cour de Bourges. — Fenet. III, 249.

procurer à celui qui sort, les logements convenables et autres facilités pour la consommation des fourrages et pour les récoltes restant à faire (1777).» La loi a voulu concilier les intérêts du fermier sortant avec les besoins de celui qui va entrer en jouissance : les cas étaient trop nombreux pour qu'elle put tous les prévoir : elle s'est contentée, dans l'art. 1777, d'indiquer que toutes ces contestations devaient être jugées d'après les principes de l'équité plutôt que d'après ceux du droit strict, et finalement, elle renvoie à l'usage des lieux qui est maître souverain en cette matière.

SECTION II.

OBLIGATIONS DU FERMIER, QUANT AU PRIX.

Sous cette rubrique, nous aurons à examiner la manière dont les fermages doivent être acquittés; les modifications qu'ils peuvent subir, suivant l'excès ou la diminution dans la contenance du fonds, enfin la réduction qui les affecte dans les cas de perte totale ou partielle des récoltes. Ces matières feront l'objet de trois divisions distinctes.

§ 1er.

De la manière dont les fermages doivent être acquittés.

Nous n'avons pas à étudier ici les principes généraux du paiement en matière de louage : nous nous contenterons de quelques observations relatives à la position exceptionnelle des preneurs de biens ruraux.

Comment le paiement doit-il s'effectuer? Si le canon consiste en argent, il ne se présente pas de difficultés : mais s'il consiste en une quantité déterminée de denrées, le fermier pourra-t-il s'acquitter en donnant d'autres denrées ou en en payant la valeur? La loi est formelle. *Aliud pro alio, invito creditori, solvi non potest* (1).

Tel est le principe reproduit par l'art. 1243. Le fermier sera donc tenu de payer en nature, même si le bail renfermait l'évaluation des denrées en argent, ce qui a généralement lieu *taxationis causa* : mais, si cette valeur avait été relatée *existimationis causa*, c'est-à-dire avec intention de laisser le fermier libre du choix (ce qui sera une question d'appréciation pour les juges), on ne pourrait le forcer à s'acquitter en nature, s'il s'y refusait.

Si outre la prestation en argent, le bailleur impose encore à son fermier une redevance en nature, ce dernier sera tenu de se libérer de la manière stipulée; d'acheter les denrées en question si le fonds ne les a pas produites, à moins qu'il ne résulte du contrat que le bailleur ne se les était réservées que comme *fruits de son cru*, auquel cas il sera libéré de son obligation (2).

Ajoutons, pour finir, que le paiement doit se faire aux époques fixées dans le contrat, ou s'il est muet à cet égard, par les usages locaux; qu'à défaut de convention spéciale, il doit se faire au domicile du fermier (1247); mais que généralement, et surtout quand il consiste en nature, le bail l'oblige à s'acquitter au domicile du bailleur. Il est clair que, si le bailleur ou son successeur transférait pendant la durée du bail son domicile à une grande distance du premier, il ne pourrait obliger le fermier à venir s'acquitter à ce nouveau domicile sans l'indemniser des frais de transport que lui occasionnerait ce changement (3).

---

1. L. 2, § 1, D. *reb. cred.*, 12, 1. — Parl. de Paris, 7 sept. 1645, rapporté par Henrys.
2. Toullier, VII, 47, 49, 51.
3. *Nemo facto alterius prœgravari debet.* — Poth., § 157.

§ 2.

De l'influence de l'excédent ou du déficit dans la contenance, sur la quotité du prix.

Dans les baux des maisons, la délivrance de la chose louée donne rarement lieu à des contestations. Mais dans les baux à ferme elle fait naître de fréquentes difficultés. L'article 1765 a prévu ces cas. «Si dans un bail à ferme on donne aux fonds une contenance moindre ou plus grande que celle qu'ils ont réellement, il n'y a lieu à augmentation ou diminution de prix pour le fermier, qne dans les cas et suivant les règles exprimées au titre de la vente (1617 — 1623). »

Ainsi, si le bail a été fait, avec indication de la contenance, à raison de tant la mesure, et qu'il se trouve une contenance plus grande que celle exprimée au contrat, le fermier a le choix de fournir le supplément de prix, ou de se désister du contrat si l'excédent est d'un dixième au-dessus de la contenance déclarée (1618).

Si au contraire, dans le même cas, la contenance indiquée au contrat ne se retrouve pas, le bailleur est obligé de délivrer au preneur la quantité indiquée au contrat, sinon le fermier peut demander soit une réduction de prix, soit la résiliation du bail (1).

Dans tous les autres cas, soit que le bail soit fait d'un corps certain et limité, soit qu'il ait pour objet des fonds distincts et séparés qui sont autant de corps certains, soit qu'il commence par la mesure ou par la désignation de l'objet loué suivie la mesure, l'expression de cette mesure ne donne lieu à aucun supplément de prix en faveur du bailleur, s'il y a excédant, ni en faveur du preneur à aucune diminuation de prix, s'il y a déficit, qu'autant que la différence de la mesure réelle

---

1. Duverg., II, § 137. — *Contra :* Tropl., II, § 654.

à celle exprimée au contrat est d'un vingtième en plus ou en moins (du prix), eu égard à la valeur de la totalité des objets affermés. Dans le cas où il y a augmentation de prix pour excédant, le preneur peut également se désister du contrat.

Les règles contenues au titre de la vente sur la prescription de l'action du bailleur et du fermier, sur la compensation à faire entre la contenance de deux fonds vendus par le même contrat, sont également applicables à la matière qui nous occupe.

§ 3.

Modifications que subissent les fermages dans les cas de perte totale ou partielle des récoltes.

La perte des fruits causée par cas fortuits et s'élevant à un certain chiffre, autorise le preneur à demander une remise sur le prix du bail. Cette règle originaire du Droit romain (1), passa dans le Droit canon, qui l'appliqua aux fermiers de l'église, et les rédacteurs du Code n'eurent garde, malgré la critique de quelques Cours (2), d'écarter ce principe destiné à protéger l'industrie agricole contre de désastreuses éventualités.

Le principe de l'indemnité repose sur cette idée, que le bailleur doit garantir au preneur la jouissance du fonds, et que, jusqu'à leur perception, les fruits font partie intégrante du fonds ; que si les fruits périssent, c'est comme si une partie du fonds, lui-même était détruite et que par conséquent le fermier doit obtenir une remise proportionnelle sur le prix du bail (3).

1. L. 15, § 2, L. 25, § 6. D. *loc. cond.* 19, 2. — Decr. Grég., III, t. 18. c. 3.
2. Observ. de la Cour de Lyon. Fenet. IV., 206.
3. *Fructus quamdiu solo cohœrent, fundi sunt.* L. 61, § 8. D., de furtis, 47, 2. — Poth., § 144 et 153. — Duranton, XVII, 190. — Troplong, II, § 698. — « Le bailleur doit pro-

C'est pour n'avoir pas tenu compte de cette idée, que M. Duvergier est arrivé à ne considérer les art. 1769 et 1770 que comme une exception aux principes du louage, introduite uniquement par l'équité dans l'intérêt de l'agriculture.

Pour plus de clarté, nous subdiviserons cette matière en plusieurs paragraphes.

A. *Des cas où le fermier peut intenter son action.*

Pour que le fermier puisse demander la réduction du prix, il faut que les récoltes aient été enlevées par des cas fortuits. Ces cas fortuits qui, dans le louage, jouent un si grand rôle méritent un examen particulier.

On peut définir le cas fortuit, d'après Vinnius (1) : *Omne quod humano cœptu prævideri non potest, nec cui præviso potest resisti.* Le cas fortuit résulte ou de la nature, ou du fait de l'homme. Dans la première classe nous trouvons la chaleur excessive, les inondations, les tremblements de terre, les nuées d'oiseaux ou d'insectes qui mangent les récoltes (2), les neiges immodérées, la gelée, la coulure, le feu du ciel (1773). Dans la seconde, la guerre, l'assaut des voleurs (3), le fait du prince, en un mot, selon l'expression de Médicis, « *Omne damnum datum a potentiori*» (4). Mais pour que ces événements deviennent des cas fortuits, il faut qu'ils sortent des bornes que leur trace la marche ordinaire des choses : ainsi les crues périodiques d'un torrent, la grêle, la coulure

●

curer au preneur une jouissance continue et effective de la chose louée : en d'autres termes, il doit lui garantir non seulement le droit abstrait de percevoir les fruits du fonds affermé, mais encore dans une certaine mesure, la faculté physique et la possibilité matérielle de les recueillir.» Aubry et Rau, III, § 371, note 4. — *Contra :* Duverg., II, 149.

1. *Partit. juris.* L. 2, c. 66.
2. L. 15, §. 2. D. *loc. cond.*, 19, 2.
3. L. 5, § 4. D. *Commod.*
4. Medicis *quæst.*, 13, n° 6, 7.

dans certaines contrées, tous ces accidents de la nature ne peuvent être rangés au nombre des cas fortuits, que s'ils viennent à atteindre des proportions inusitées. Tel est le fondement de la distinction faite par les Bartolistes et reproduite par l'art. 1773, des cas fortuits en prévus ou imprévus, ordinaires et extraordinaises, distinction, qui, de prime abord, semble en contradiction avec notre définition, mais qui néanmoins n'a rien que de fondé.

Pour que le cas fortuit ne soit pas imputable au fermier, il faut de plus qu'il n'y ait pas de sa faute : s'il avait pu empêcher l'inondation en entretenant les digues du torrent, se garantir des voleurs par une vigilance plus soutenue, il ne serait plus admis dans sa demande en réduction.

B. *Quotité de la perte nécessaire pour valider l'action du fermier.*

Il ne suffit pas, pour que le fermier soit recevable dans sa demande, qu'il ait éprouvé une perte résultant d'un cas fortuit. Il faut de plus que ce dommage soit considérable (1). Mais quel chiffre devra-t-il atteindre?

Le Droit romain n'avait pas résolu cette question d'une manière précise: «*Si plus quam tolerabile læsi fuerint fructus*,» dit Gaius. Selon les commentateurs, on s'en rapportait à l'opinion locale. L'école des glossateurs plus rigide, exigeait que le fermier n'eût pas couvert ses frais de culture; et les canonistes, assimilant jusqu'à un certain point le louage à la vente, exigeaient une lésion d'outre moitié (2). Le Code a tranché ces difficultés. La moitié au moins d'une récolte aura dû être enlevée pour qu'il y ait ouverture à l'action *ex conducto* (3).

1. *Modicum damnum æquo animo ferre debet colonus.* L. 25, § 6. D., *loc. cond.*
2. Claperiis, *caus. 44, quœst.* 1, nº 2. — Bartol., *ad* L. 25, § 6. D., h. t. Dec. Grég. III, t, 18, c. 3, notes.
3. Bien entendu que le Code n'a entendu parler que de la perte de moitié de ce que

Mais une nouvelle difficulté s'élève sur la manière de calculer ce déchet. Faut-il, comme les canonistes, ne s'occuper que de la quantité des fruits? Faut-il, à l'exemple des glossateurs, prendre en considération leur valeur vénale? (1) ou bien faut-il admettre le système ecclectique professé par Brunemann et adopté par Troplong (2), qui consiste à calculer la perte sur la quotité des fruits combiné avec leur valeur vénale?

Il nous semble résulter des termes de l'art. 1770 : « *La totalité ou au moins la moitié d'une récolte*» que le législateur s'est prononcé pour le système des canonistes. (3)

La vilité de prix des denrées ne saurait être d'aucune considération pour faire obtenir une remise au fermier, car la valeur des denrées est un fait extrinsèque et éminemment variable. —Nous fondons encore notre opinion sur l'art. 1771, qui met la perte des fruits à la charge du fermier, quand elle arrive après leur séparation du fonds: or, si le fermier, seul propriétaire alors des récoltes, supporte le cas fortuit, à plus forte raison est-il exclusivement responsable de l'abaissement qui peut survenir dans le prix des denrées.

Que devra-t-on décider, dans le cas où le fonds est divisé en différentes sortes de cultures, si la perte de plus de moitié ne porte que sur une espèce de récoltes? La loi est formelle, elle parle d'une perte de moitié de la totalité du fonds. Cette règle générale souffrirait néanmoins exception dans le cas où les différentes parties du fonds auraient été l'objet de baux distincts, soit que le bailleur ait traité séparément pour chacun d'eux, soit qu'il les ait réunis dans le même acte, mais avec intention manifeste de faire plusieurs baux:

l'immeuble produit, *année commune*. Cette année commune se calcule en prenant une moyenne de 3, 10 ou 12 ans.

1. Bartol. *ad* L., 8. C. *loc. cond.* 4. 65.
2. Brunem. *ad* L. 15, D. *loc. cond.* — Tropl., II, § 700.
3. Durant., XVII, § 192. — Duverg., II, 155. — Pothier, § 155.

ce qui résulterait, par exemple, de l'indication d'un prix spécial pour chaque portion de l'héritage.

Mais, si le fermier avait sous-loué une partie du fonds, la perte totale ou partielle de la récolte qui affecterait la portion sous-louée l'obligerait à indemniser le sous-fermier, sans lui laisser la faculté de se replier sur le bailleur originaire.

Quant à la manière dont le fermier devra constater l'existence et la quotité de la perte, la loi est restée muette; c'est à la doctrine à suppléer à cet oubli. Le fermier devra le plutôt possible faire la constatation nécessaire, contradictoirement avec le bailleur ou lui dûment appelé, par un procès-verbal du juge de paix, du commissaire de police ou du maire. Néanmoins la négligence de ces formalités n'emporterait pas, même après plusieurs années, la déchéance de son droit; car il n'est pas permis de créer une déchéance ou une fin de nonrecevoir qui n'est pas dans la loi : ce sera donc au juge à apprécier la pertinence des faits allégués et à en ordonner la vérification par titres, experts ou témoins (1).

C. Evaluation de l'indemnité.

Il nous reste à étudier comment se calcule l'indemnité que réclame le fermier. Deux hypothèses peuvent se présenter: ou le bail n'est que d'une année, ou il est de plusieurs.

Première hypothèse.

Si le bail n'est que d'une année et que la perte soit de la totalité des fruits ou au moins de la moitié, le preneur sera déchargé d'une partie proportionnelle du prix de la location (1770); mais jamais il ne pourra exiger de dommages intérêts, ce qui serait grever le bailleur outre-mesure (1722). *Conductor propter casum non agit ad interesse sed ad*

---

1. Cass. 4 mai 1831. D. 31, 1, 249. — *Contra :* 25 mai 1808. D. 9, 957.

exonerationem mercedis (1). Quant aux semences, si le propriétaire en a fait l'avance, le fermier ne sera pas moins tenu de les rendre : et si elles appartenaient au fermier, il ne pourra en répéter le prix, car, en cas de malheur, la loi ne le décharge que d'une seule de ses obligations, celle de payer le canon : toutes les autres subsistent (2).

Seconde hypothèse.

Le bail est de plusieurs années. Adoptant la doctrine professée par le Droit romain et par le Droit canon (3), le Code a reconnu qu'un bail est un tout qu'il faut considérer dans son ensemble et non une série de locations partielles, et il a posé dans l'article 1763 le principe de la compensation des années stériles avec les années d'abondance : « Si le bail, dit-il, est fait pour plusieurs années, le fermier peut demander une remise du prix de sa location, à moins qu'il ne soit indemnisé par les récoltes précédentes. »

Mais comment se fera ce calcul ? La perte, doit être concentrée dans une seule année ; et les gains doivent comprendre le cumul de tous les bénéfices partiels qu'a pu faire le fermier pendant chacune des années précédentes. Si le gain dépasse la perte, il n'y a pas lieu à l'indemnité.

Mais cette règle si simple, en apparence soulève de nombreuses difficultés, et nous devons regretter que les rédacteurs du Code n'aient pas jugé à propos de les résoudre (4).

Si les récoltes précédentes ont été abondantes ou seulement ordinaires, aucune difficulté ne saurait s'élever : dans le premier cas, le fermier n'a pas droit à l'indemnité ; dans le second, sa demande

---

1. Godof., *ad* L. 15, § 7. D. *loc. cond.*

2. L. 15, § 7. D. *loc. cond.* — Tropl. II, § 723.

3. L. 8. L. 25, § 6. D. *loc. cond.* — Décret. Grégor. III, t. 18, c. 3 : *« Pensionis remissio facienda nisi cum ubertate præcedentis vel subsequentis anni valeat steri litas compensari. »* Quelques parlements (Toulouse et Bordeaux), n'admettaient pas ce tempérament.

4. Sur quelques-unes de ces questions, les anciens auteurs n'avaient pas moins de neuf opinions différentes. — Claperiis, *caus.* 46.

est admise. Mais si, à côté d'années fertiles, se trouvent des années qui présentent un déficit de moins de moitié, faudra-t-il faire entrer ces déficits en ligne de compte, ou bien les négliger complétement? Nous pensons que l'on doit prendre en considération les mauvaises années comme les bonnes, et nous nous fondons sur les termes de l'art. 1769 : *Indemnisé par les récoltes précédentes.... compensation de toutes les années de jouissance*, qui, quoi qu'en dise M. Duvergier, nous semblent très-explicites.

Nous pensons qu'il est équitable, que le fermier, auquel on oppose, comme dédommagement de la perte qu'il éprouve, l'excédant de certaines récoltes, puisse de son côté retrancher de cet excédent le déficit qui se rencontre dans d'autres années (1). M. Duvergier prétend que cette solution est contraire à la pensée de l'art. 1769, à savoir qu'une perte de moitié doit être considérée comme non-avenue, ou plutôt comme l'accomplissement d'une mauvaise chance, dont jamais, et dans aucun cas, le bailleur ne doit réparation au fermier. Ce raisonnement est-il bien exact? — Sans doute une perte de moins de moitié ne donne pas *ouverture* à l'action du fermier; mais quand, par un déficit de plus de moitié, le fermier a été admis dans sa plainte, nous pensons que la justice rigoureuse exige que la même main qui compte ses gains antérieurs compte également ses pertes. En admettant le principe de M. Duvergier dans toute sa rigueur, n'arriverait-on pas à cette inadmissible solution, que la partie de la récolte inférieure à la moitié, doit rester sans dédommagement et que l'indemnité ne doit porter que sur la portion de la récolte, dont le déficit vient accroître cette perte?

Si le fermier n'est pas indemnisé par suite de la compensation, l'estimation de la remise ne peut avoir lieu qu'à la fin du bail, auquel temps il se fait une compensation de toutes les années de jouissance (1769). La loi, pour être conséquente, aurait dû, dans tous les cas, re-

1. Duranton, XVIII, 201. — Tropl., I, § 722. — *Contra :* Duvergier, II, § 175.

mettre cette appréciation à la fin du bail; car si la perte de plus de moitié arrive avant son expiration, et que le fermier se trouve à ce moment, indemnisé par les récoltes antérieures, il serait, malgré les déficits de moins de moitié qu'il pourrait éprouver dans les dernières années, non recevable à réclamer une remise (1).

Dans le cas de l'art. 1769, où l'appréciation est remise à la fin du bail, le fermier devra-t-il payer le canon, ou bien sera-ce le propriétaire qui sera obligé d'attendre le résultat des années subséquentes? Le juge peut provisoirement dispenser le fermier de payer une partie du prix en raison de la perte soufferte (1769, n° 3). Mais si cette remise a été faite par le bailleur, que déciderons-nous? Si le fermier se trouvait déjà indemnisé par le résultat des précédentes récoltes, et que néanmoins le bailleur lui accorde une remise, il est censé renoncer à un avantage créé par la loi en sa faveur. Mais si les premières années n'avaient pas indemnisé le fermier, le bailleur qui aurait consenti une remise, pourrait, si les années subséquentes étaient fertiles, réclamer la portion du prix qu'il a volontairement abandonnée, à moins qu'il n'eût *formellement* déclaré en faire donation au fermier, et s'interdire toute réclamation ultérieure (2).

Le fermier a-t-il droit à une réduction lors même que, par la compensation de toutes les années de jouissance, cette perte se trouverait réduite au-dessous de la moitié d'une récolte ordinaire ? M. Duvergier, fidèle à son principe que dans aucun cas le bailleur ne doit réparation pour une perte de moins de moitié, se prononce pour la négative (3).

---

1. Duverg., § 174.

2. Pothier, § 161. — Duranton, XVII, 204. — Duverg. II, 168. — Tropl., II, 736. — La simple déclaration du bailleur qu'il a fait don, donation ou remise, ne suffirait pas, à notre avis, pour détruire la présomption contraire (L. 15, § 4. D. *loc. cond.*). C'est du reste une question d'appréciation pour les juges.

3. Duv., II, 174. — Tropl. II, § 731. — *Contra :* Duranton, XVII, 201. — Aubry et Rau, § 371, not. 7.

Nous croyons que le fermier a droit à la réduction, et qu'il se trouve dans le cas prévu par la loi pour obtenir une remise, dès qu'il a éprouvé dans une année, une perte de moitié et qu'il n'en a pas été intégralement indemnisé par les récoltes antérieures. Le second paragraphe de l'article 1769, en exigeant la compensation de toutes les années de jouissance, n'attaque nullement notre interprétation. Le principe de la remise subsiste toujours : c'est un droit acquis, et ce n'est que sur son *évaluation* que l'on discute ; aussi la loi dit-elle l'*estimation de la remise*.

Le fermier aurait droit à une réduction, même s'il avait été indemnisé par une compagnie d'assurances ; le propriétaire, ne participant pas aux charges de l'assurance, ne peut en revendiquer les bénéfices ; et de plus, le traité est à son égard *res inter alios acta* (1).

D. *Cas où l'indemnité cesse d'être due.*

1. Le fermier ne peut obtenir de remise, lorsque la perte des fruits arrive, après qu'ils sont séparés de la terre (1771). Sous l'ancienne jurisprudence, la plupart des auteurs exigeaient non-seulement que les fruits eussent été séparés du sol, mais encore que le fermier les eût recueillis, engrangés ou amoncelés (2).

Lors de la rédaction du Code, le Tribunat avait proposé cette rédaction : *après qu'ils sont séparés de la terre et mis en état d'être enlevés.* Le conseil d'État, en repoussant cet amendement, a tranché la question. (3)

2. Le fermier ne peut également demander une remise, lorsque la cause du dommage était existante et connue à l'époque où le bail a

---

1. Cass., 4 mai 1831. D. 31, 1, 249.

2. «*Si fuerint collecti et in horreo reconditi, quia non ante percepti videntur.*» Favre, *Ration. ad. Pandect.* L. 23, § 6. D. *loc. con.*

3. La cour de Metz (10 mai 1825, Palais, 78, 362) a jugé que l'art. 1771, § 1er, n'est applicable qu'aux cas fortuits ordinaires (feu du ciel, gelée, coulure) et non aux cas fortuits extraordinaires (guerre, inondation). Cette doctrine qui ne s'appuie sur aucun texte ni sur aucun principe, est repoussée par tous les auteurs.

été passé (1771, § 2); ce qui résulterait, par exemple, de la mauvaise qualité du terrain, du voisinage d'un torrent sortant périodiquement de son lit, etc.; car le prix du bail a été fixé en conséquence. Nous pensons avec M. Duvergier, qu'il n'est pas nécessaire que le fermier ait connu la cause de la perte et qu'il suffit qu'il ait pu la connaître. Il doit s'imputer sa négligence qui l'a seule empêché de voir le germe du mal.

3. L'indemnité cesse d'être due, si le cas fortuit a été précédé ou accompagné, de la part du fermier, d'une faute, dont l'influence sur le dommage soit clairement établie. Ainsi le larcin, qui ne serait pas arrivé, si le fermier avait été vigilant, doit lui être imputé. Mais il n'en sera pas de même du vol à main armée, qu'il n'a pu empêcher (1). — Les canonistes, qui n'oubliaient pas les intérêts matériels de l'Église, avaient fait de cette règle une application curieuse en avançant que le fermier, qui n'avait pas payé les dîmes, ne pouvait se plaindre de la stérilité de la récolte; car, disaient-ils, il est à présumer que cette stérilité est un fléau que Dieu lui a envoyé pour le punir de son crime. (2)

4. Le preneur peut être chargé des cas fortuits par une stipulation expresse (1772). Cette stipulation ne s'entend que des cas fortuits ordinaires, tels que grêle, feu du ciel, gelée ou coulure : elle ne s'entend pas des cas fortuits extraordinaires, tels que les ravages de la guerre ou les inondations, auxquels le pays n'est pas sujet ordinairement, à moins que le preneur n'ait été chargé de tous les cas prévus et imprévus (1773). Cette division des cas fortuits en prévus et imprévus, ordinaires et extraordinaires, semble en contradiction avec la définition que nous avons donnée du cas fortuit. Cette contradiction n'est qu'apparente : elle résulte d'une équivoque sur le mot *prévoir*. La loi ne parle pas d'une prévision indubitable et précise ; mais de

---

1. *Casibus fortuitis non annumeratur furtum ; latrocinium annumeratur.* — Cujas *ad Cod.*, l. IV, t. 34.

2. Guy-Pape, quæst., 166.

cette prévision de l'homme prudent, qui s'attend bien à ces fléaux des-
tructeurs des moissons, dont le retour n'est que trop fréquent, mais
qui ne saurait prévoir les sinistres insolites qui peuvent venir trom-
per ses calculs, tels qu'une inondation extraordinaire, une guerre, etc.

DE LA DURÉE DES BAUX A FERME ET DE LEUR TACITE RÉCONDUCTION.

§ 1er.

Durée des baux à ferme.

Le bail à ferme finit par l'arrivée du terme que les parties lui ont
fixé. Mais quelle sera sa durée, dans le cas où les parties ne seraient
pas convenues d'un terme (ce que le Code appelle un bail fait sans
écrit)? Dans les baux à loyer, la loi s'en est remise aux usages qui
ont fixé des termes où le bail pouvait expirer: l'on n'aurait pu trouver
d'autre règle. Dans les baux à ferme, la nature du fonds indique suffisamment quelle a été l'intention des parties : il est clair, que le
bail est fait pour le temps nécessaire au preneur, pour recueillir tous
les fruits de l'héritage affermé. Ainsi le bail à ferme d'un pré, d'une
vigne, ou de tout autre fonds dont les fruits se recueillent en entier
dans le cours de l'année, est censé fait pour un an (1774). Mais nous
ne pensons pas, que, dans le cas où l'on pourrait faire deux récoltes par
an, on dût borner le bail à six mois. Comme le fait remarquer M.
Duvergier (1), les deux récoltes ne sont jamais identiques: elles se
ressentent toujours de l'influence de saisons différentes, et l'on peut
toujours en regarder l'une comme l'accessoire de l'autre.

Quand les terres labourables sont divisées par soles, le bail est censé

1. Duverg., II, § 204. — *Contra,* L. 7, § 6. D. *soluto matrim.* 24, 3.

fait pour autant d'années qu'il y a de soles. S'il n'y a qu'une partie de l'héritage d'assolée, la durée du bail ne saurait être limitée à une année pour les produits annuels et continuée pour les autres, sans de grands inconvénients : le bail continuera pour toutes les terres, jusqu'à ce que l'assolement complet soit perachevé.

Mais quelle sera la durée présumée du bail d'un bois taillis si les parties ne l'ont pas fixée ? Cette discussion fut soulevée au conseil d'État par MM. Defermon et Galli. Le projet du Code civil portait : le bail d'un bois taillis, lors même qu'il se partage en plusieurs coupes, n'est censé fait que pour une coupe. M. Defermon faisait remarquer que c'était une vente, et qu'il fallait, pour qu'il y eut bail, que le contrat les comprît toutes également. Cet amendement fut reproduit par M. Galli, mais M. Tronchet, craignant de voir s'égarer la discussion, pensa que le meilleur moyen de trancher la question était de ne pas s'en occuper, disant que ce motif et les autres considérations qui avaient été proposées devaient décider *à ne pas s'expliquer sur les baux à bois*. Grâce à cette étrange manière de sortir d'embarras, on laissa livrée à la controverse une matière qu'il eût été important de régler.

Dans le silence du Code et si l'intention des parties est difficile à découvrir, le juge devra se diriger d'après ces principes : s'il s'agit d'un fonds sur lequel se trouvent quelques arbres épars ou des bois mêlés de prés ou de vignes, le bail aura le nombre d'années déterminé par l'assolement des terres, et le fermier percevra les coupes qui écherront dans cet intervalle. S'il s'agit d'un bail principal d'un bois taillis, on suivra la règle tracée par la Cour de Rennes ; le fermier jouira successivement de toutes les coupes, sans quoi ce ne serait plus le bail d'un bois, mais d'une partie de ce bois : le limiter à une coupe, ce serait faire une vente et non plus un bail.

De ce que les baux à ferme ont toujours un terme fixé, soit par la convention des parties, soit par la nature du fonds, il résulte qu'ils cessent de plein droit à l'arrivée de ce terme et sans qu'il soit nécessaire de donner congé (1775).

§. 2.

De la tacite réconduction des baux à ferme.

Si, à l'expiration des baux à ferme, le preneur reste et est laissé en possession, il s'opère un nouveau bail dont les effets sont réglés par l'art. 1774, c'est-à-dire, d'après les mêmes principes que pour les baux d'une durée non limitée (1776). La réconduction a lieu, que la durée du premier bail ait été déterminée ou non par les parties : c'est donc à tort que l'article 1776 semble en restreindre l'application aux baux écrits (1).

Quelle est la durée de l'occupation nécessaire pour opérer la tacite réconduction dans les baux à ferme ? La loi ne pouvait préciser ni la durée de ce temps, ni les circonstances qui prouvent le consentement du bailleur ; elle a posé un principe dans l'article 1776 et en a réservé l'application à la sagesse du magistrat. Nous pouvons néanmoins ajouter ces remarques :

Pour que le bailleur soit supposé avoir suffisamment manifesté l'intention de continuer au fermier son exploitation, en le laissant en possession, il faut que cette jouissance continuée réunisse tous les caractères suffisants pour avoir pu parvenir à la connaissance du bailleur. Elle devra donc être apparente, non cachée, et de plus prolongée, suivant la règle de Bartole, pendant un espace de temps assez long : *Eo scilicet tempore quo ad culturam agri erat aliquid operandum idque non modico tempore quod arbitrio boni viri inspici oportet* (2). Préjuger la réconduction par le seul fait du séjour du fermier au-delà du terme, ce serait punir un acte honorable de bonté et de complaisance, ce se-

1. Tropl., II, § 772.
2. Bart. Godof. *ad Leg.* 14. D. *loc. cond.* 19, 2.

rait, selon l'expression de M. Troplong, forcer le propriétaire à avoir un huissier la veille du jour de l'expiration, pour chasser le fermier qui ne paie pas (1).

La durée des baux à ferme renouvelés par tacite réconduction est la même que celle des baux à ferme dont la durée n'a pas été déterminée, c'est-à-dire, qu'elle comprend le temps nécessaire au preneur pour recueillir tous les fruits de l'héritage loué (2).

CHAPITRE II.

Du bail partiaire.

Le colonage ou bail partiaire est un contrat spécial par lequel le propriétaire d'un domaine le donne à un métayer ou colon pour l'exploiter pendant un certain temps, moyennant la moitié, le tiers, ou une autre portion déterminée des fruits qu'il recueillera.

Le tiers environ de la France cultivable est soumis à ce mode d'exploitation (3). Ce régime, qui n'est, après tout, que la lutte sournoise de

1. Comment donc expliquer les paroles de M. Treilhard (Locré, XIV, 335), lorsqu'il prétend que la réconduction des maisons s'opère *par le seul fait du preneur*, et que pour les baux à ferme il n'y a pas réconduction, parce que l'on suppose non seulement que le fermier est resté en possession, mais encore que le propriétaire l'y a laissé. Dans les deux cas, la réconduction ne repose-t-elle pas, d'une part, sur le fait du preneur, de l'autre, sur le consentement tacite du bailleur ?

2. Le Droit romain la restreignait à un an. L. 13, § 11. D. *loc. Cond.* — Bart. et Godof. *ad. dict. Leg.* — Brunem, *ad L. 16. C. loc. cond*: *Præsumitur conductori tacite indulgeri annalis conductio.*

3. La superficie cultivable de la France, que l'on évalue à 43,000,000 d'hectares, peut se classer ainsi :

Terres cultivées par des fermiers à rentes fixes . . . . 8,470,000 hect.

Par des métayers à moitié fruit . . . . 14,530,000 hect.

Par l'économie des propriétaires . . . . 20,000,000 hect.

(De l'agric. en France, d'après les docum. offic. — Munier et Rubichon.)

deux intérêts qui s'accouplent par nécessité, est loin de présenter des résultats satisfaisants. Il a contre lui l'expérience et les réclamations unanimes de tous ceux qui se sont occupés d'agriculture. Quant à nous, qui n'avons à le considérer qu'au point de vue juridique, deux questions seulement doivent nous occuper. Quelle est la nature du bail partiaire et quelles sont les règles qui le régissent.

§ 1er.

Nature du bail partiaire.

Le bail partiaire est-il un bail à ferme, un contrat de société, ou un contrat innommé ? Cette question, importante par les conséquences qui en découlent, partage encore les commentateurs. Les uns (1), se fondant sur le passage de Gaius : *Partiarius colonus, quasi societatis jure*, voient dans le colon l'associé du bailleur. C'est la terre, disent-ils, qui paie le prix, et non le fermier, et le propriétaire prend les fruits, non à titre de redevance, mais comme accessoire de la chose. D'autres, mais en petit nombre (2), se fondant sur l'intention des parties qui n'est pas, disent-ils, de constituer une société, mais de la part du bailleur, de percevoir les fruits de son héritage, et de la part du colon, de trouver également dans la perception de ces fruits la juste récompense de ses labeurs, voudraient reconnaître dans ce bail le germe du contrat de louage ; mais, partant de cette fausse idée, qu'il n'y a pas louage sans un prix en argent (*cum non sit locatio non interveniente pecunia*), ils en font, suivant l'expression de Coquille, un contrat innommé *ad instar de location*.

3. Cujas, *ad L.* 13, § 1. D. *præscr. verb.* 19, 5. — Bart., Brun., Godof., *ad L.* 25, § 6. D. *loc. cond.* — Tropl., II, § 637.

2. Balde, Favre, *ad L.*, 25, § 6. D. *loc. cond.* — Coquille, *quæst.*, 206.

M. Duvergier (1), se prévalant de la place qu'occupent les articles
1763 et 1764, et posant en principe que le bailleur participe aux bénéfices sans contribuer aux pertes, soutient que le bail partiaire est,
sauf quelques exceptions, un bail à ferme.

Nous croyons que le bail partiaire est une véritable société, soumise
pour quelques points aux règles particulières des baux à ferme. Notre
opinion se fonde : 1° sur l'unanimité des textes de la loi romaine et
de ses interprètes à reconnaître cette affinité et presque cette identité
entre le colonage et la société (2) ; 2° sur ce que cette doctrine avait
passé dans notre ancien Droit français (3), qui regardait le bail à colonage comme une société, dans laquelle une partie fournissait le fonds
à cultiver, l'autre son industrie ; et que le Code ne contient aucune
disposition qui ait dérogé à ces principes : qu'au contraire, la définition de la société (1832), rapprochée des articles 1763 et 1764, reçoit
une application beaucoup plus exacte au bail partiaire, que la définition du louage (1709) ; 3° sur les paroles de MM. Galli et Mouricaut (4),
qui indiquent clairement l'intention de suivre en cette matière les
idées de l'ancienne jurisprudence.

L'argumentation tirée de la place qu'occupent les articles 1763 et
1764 n'a du reste rien de solide : la classification des contrats sous
telle ou telle rubrique, ne saurait être une raison suffisante pour en
déterminer la nature ; et pour s'en convaincre, il suffit d'observer que
le cheptel, qui est une véritable société et auquel la loi elle-même
donne cette qualification (1818), est placé, comme le bail partiaire,
sous le titre du contrat de louage.

1. Duverg., II, § 91.

2. L. 25, § 7. D. *loc. cond.* — L. 55, § 2. D. *pro socio*, 17, 2. — «*Inter colonum partiarium
locationis contractum proprie non esse, sed potius societatis* (Fachin., l. 1, c. 82)». — «*Si quis
colono agrum colendum det, et partiantur fructus, non contrahitur locatio sed societas. Nam loca-
cio fit mercede, non partibus rei* (Cuj., *ad l.*, 12. D. *præscr. verb.* 4, 64.)». — «*Societas dicitur
tum colono partiario, sed locatio cum colono qui nummis colit* (Bart., *ad l.*, 25. D., *loc. cond.*)»

3. Ferrieres, Dict. de Droit. V° *admodietur*. — Nouveau Denizart, Bail partiaire.

4. Locré, XIV, 414, 457.

Cette doctrine a du reste été sanctionnée par la jurisprudence, dans un arrêt parfaitement motivé (1).

§ 2.

Règles du bail partiaire.

De ce que le bail partiaire est une société, il résulte :

1. Que le colon ne pourra ni sous-louer, ni céder, si la faculté ne lui en a été expressément accordée par le bail (1763. 1861). En cas de contravention, le propriétaire a droit de rentrer en jouissance, et le preneur est condamné aux dommages-intérêts résultant de l'inexécution du bail. Nous croyons que cette clause est de rigueur, c'est-à-dire, que les tribunaux seraient obligés d'accorder au bailleur la rentrée en jouissance pour le seul fait de la contravention du preneur, quand même il n'en serait résulté aucun dommage, ou que le colon offrirait de reprendre lui-même le bail (2).

2. Que le bail partiaire se résout par la mort du colon.

Le Code est muet sur cette question, et les jurisconsultes anciens modernes se sont prononcés pour l'affirmative, ou la négative, suivant qu'ils voyaient dans le bail partiaire un louage ou une société. Quelques auteurs, adoptant une solution mixte (3), accordent la résiliation du bail dans le cas où les héritiers du preneur ne pourraient le continuer sans grandes difficultés.

Nous adopterons la solution affirmative, en nous fondant sur les principes qui régissent la société, et en tirant un argument d'analogie de l'art. 1763. Pourquoi la loi défend-elle formellement au colon de sous-louer ? parce qu'elle ne veut pas que la culture et par consé-

---

1. Limog., 21 fév. 1839. S. 39, 2, 406.
2. Delvincourt, III, p. 203. — *Contra :* Duverg., § 90. — Tropl. II, § 594.
3. Coquille — Duranton, XVII, 178.

quent les chances de gain du bailleur, soient entre les mains d'un tiers qu'il n'a pas choisi, qu'il aurait peut-être repoussé, et dont l'adresse, l'expérience, la moralité sont au moins sujettes à caution! Et pourtant, en cas de malversation de la part du sous-colon, le bailleur aurait encore son recours contre le colon originaire. Néanmoins la loi n'a pas voulu exposer à tant de hasards les intérêts du propriétaire, intérêts reposant sur la confiance qu'il avait dans les qualités toutes personnelles de son fermier. Et la loi voudrait que d'un autre côté, à la mort du colon, le contrat continuât avec sa veuve, ses enfants parfois mineurs! Cette solution ne nous semble pas admissible, et quand l'on refuserait au colonage le caractère du contrat de société, nous croyons que l'art 1865 militerait suffisamment en faveur de notre opinion.

Le colonage finit par la mort du colon, mais non par celle du bailleur. «L'art. 1865, dit Troplong, n'est pas infaillible. Il est soumis à de graves limitations, et, par exemple, la mort de l'associé qui a des actions dans une société en commandite, n'empêche pas cette société de se continuer avec ses représentants (1).»

3. Que le colon ne pourra jamais demander d'indemnités, en cas de sinistre majeur. La perte comme le gain se partagent entre lui et le bailleur (2).

De ce que le colonage est régi par les règles des baux à ferme, en tant qu'elles ne répugnent pas à la nature du contrat de société, il résulte :

Que toutes les règles des baux à ferme, relatives à la jouissance du preneur, aux réparations à faire, à l'ameublissement des fruits et récoltes, aux avertissements des troubles et usurpations, à la durée des baux, aux obligations du fermier sortant, etc., sont applicables au bail partiaire.

1. Tropl., II, § 647.
2. L. 25, § 6. D. *loc. cond.*

JUS ROMANUM.

DE

PRÆDIORUM LOCATIONE CONDUCTIONE.

(Dig. locati conducti, XIX, 2. — Cod. de locato conducto, IV, 65.)

PRŒMIUM.

Locatio-conductio contractus definitur nominatus, qui, cum sit juris gentium, non verbis sed solo consensu perficitur (1); et quo id agitur, ut res utenda vel præstanda, certa mercede constituta, detur. De rei utendæ locato conducto solummodo dicemus.

Possunt locari et conduci res omnes mobiles et immobiles, corporales et incorporales, modo in commercio sint, nec a lege prohibitæ, nec usu consumandæ. Rerum fungibilium non est locatio, quia primo usu consumuntur, et cum in conductorem dominium non transferatur, parum interest resne locatoris sit, an alterius.

1. L. 1. D. locat. cond., 19, 2.

Ex rebus quæ locantur, maximi sunt momenti prædia tam urbana quam rustica, de quibus disseremus. Adeo frequentem fecit hanc locationis speciem fortunarum inæqualis distributio, ut, nom solum respectu rei fruendæ, propriis nominibus designentur conductor et merces, sed·legum, sub his titulis scriptarum, maxima fere pars ad hanc locationem spectent.

Conductor *inquilinus* dicitur quando ædes, seu prædium urbanum conduxit (1) et *colonus*, quando fundum rusticum habet. Colonus vel *conductitius*, vel *nummarius*, vel *partiarius* est; conductitius, quum in certa fructuum pensione, nummarius quum nummis reditum solvit; partiarius, si ob quotam fructuum partem colit.

Cum emphyteusi fundorum locatio non est intermiscenda: emphyteusis consensualis est contractus de prædii utili dominio, pro certa mercede annua in dominii agnitionem, concesso (2). Locatio pro usu fundi non autem pro dominio utili contrahitur. Actiones quæ e dominio utili oriuntur, veluti, in rem publiciana actio, colono non competunt. Mutationes fundi, veluti emphyteuta, operare prohibetur colonus: denique ad modicum tempus, sicut locatio, nunquam conceditur emphyteusis.

Superficiario juri etiam locatio proxima est, quod definimus jus in superficiem fundi concessum, quo quidquid in fundo ædificatum vel insitum, sive ædes, sive alias res, in plures annos, sub annuo salario, fruitur superficiarius: sed ob easdem atque supra causas, ab illo jure differt locatio prædiorum.

1. Vocabatur etiam inquilinus servus prædio adjunctus. — L. 112. D. de leg. et fid., 30, 1. — In prædiorum locatione dicitur merces pensio vel reditus.
2. § 3. Inst. loc. cond., 3, 25. — L. 1. C. de jure emphyt., 4, 66.

CAPUT PRIMUM.

De prædiorum locatione-conductione, quoad formam et indolem.

Cum jure civili locatio, juris gentium contractus, novam non acceperit formam, uti cæterarum rerum, ita et prædiorum locatio nudo consensu, nec ulla solemnitate perficitur, nisi expresse de instrumento conficiendo partes convenerint (1).

Consensus autem tacitus etiam valet, quo casu dicitur contractus tacita reconductio. Si conductor post tempus locationis finitum remanet in conductione, patiente locatore, pædium de novo reconducit; pacta priori locationi addita et pignora quæ ipse in priori conductione obligaverat videntur repetita; aliena autem pignora, non nisi accedat domini consensus, obligantur (2). Sed inter prædia urbana et rustica hæc differunt : si conductor remaneat in prædio rustico videtur in annum reconduxisse etiamsi forte in biennium seu, quinquennium, fuit prima conductio. In urbanis contra, in id tempus videtur reconductio facta, in quod, patiente locatore, inquilinus habitavit; nam in rusticis prædiis, solum uno anni tempore, in urbanis, uniformiter et qualibet anni parte, fructus percipiuntur. Sed, si ab initio convenissent partes ne, nisi stipulatione vel scriptura interposita, locatio fieret, tacite non reconducitur,

Nunc ad prohibitiones lege positas in prædiorum locatione-conductione veniamus. Prohibentur prædia conducere milites et pro conductoribus fidejubere, ne omisso armorum usu ad opus rurestre se conferant et vicinis graves præsumptione cinguli militaris existant : si

1. L. 17. C. de fide instr. 4, 21.
2. L. 13, § ult. D. loc. cond., 19, 2.

contra fiat, milites militiæ gradum amittunt, fiunt infames, et fundum conductum statim restituere debent. Locator denique sciens, contra eos nullam habet actionem (1).

Prædiorum locatio quoad naturam fundi dividitur, quatenus urbana vel rustica sunt prædia, et ob hanc diversitatem, varias quoque regulas accipit. Distinguuntur prædia non ex loco, sed fine et usu. Urbana prædia omnia ædificia accipimus, non solum ea quæ sunt in oppidis, sed et si forte stabula sunt, vel alia meritoria in villis; vel si prætoria voluptati tantum deservientia, quia urbanum prædium non locus facit sed materia. Proinde horti quoque si qui sunt in ædificiis constituti, dicendum sit urbanorum appellatione contineri. Plane si plurimum horti in reditu sunt vinearii forte, vel etiam olitarii, magis hæc non sunt urbana (2).

Rustica prædia bifariam accipiuntur, prout in dominio privatorum vel a civitatibus municipiisve possidentur, in quo casu, publicani appellantur coloni a fundo publico, et propriis legibus reguntur (3).

In locato-conducto merces in pecunia numerata consistere debet, ita ut si alius rei præter pecuniam cum rei locatæ usu permutatio interveniat, locatio in contractum innominatum *do ut des* degeneret; detur que actio præscriptis verbis (4). Excepti sunt fundi, in quibus, favore rei rusticæ, pro pensione pars fructuum admittitur.

1. L. 31. C. loc. cond., 19, 2. — Nov. 16.

2. L. 198. D. de verb. sign., 50, 16.

3. D. de public., 39, 4.

4. Quæ distinctio jure romano non otiosa : in locatione-conductione enim pœnitentiæ locus non est (L. 21, C. loc. cond.) : a contractu innominato recte receditur (L. 5, § 2. L. 7. D. præscr. verb. 4, 64).

CAPUT SECUNDUM.

Quænam ex prædiorum locatione conductione oriantur obligationes.

Inter locatorem et conductorem mutuæ præstationis nascuntur obligationes, quas vicissim exponemus.

§ 1.

Prædiorum locatoris obligationes.

Locator prædii conducti, cum omnibus accessionibus (1), inquilino vel colono, per tempus conventionis, usum præstare debet; v. g. ædes ad eum usum parare ad quem conductæ sunt.

Sed ne traditio fundi vana fiat, cum non nisi fundus conducatur ut colonus speratos fructus colligat, evictione et impedimentis fruitionis tenebitur locator. Impedimenta fruitionis, vel ex facto locatoris, vel ex culpa conductoris, vel ab aliis, vel ex rerum natura oriuntur; de quibus extremis, ad nostram causam propriis, unice dicemus.

Si fundo, absque conductoris culpa, accidit impedimentum, tenebitur locator ad mercedis exonerationem, pro rata temporis quo non fruitus est, et idem ad restitutionem prorogatæ pensionis (2) : quod evenit, si, v. g., quidam incendium fundi allegaret, seu si ager terræ motu ita corrueret ut nusquam sit, seu si insula rueret (3).

1. L. 15. D. loc. cond.
2. L. 9, § 1. — L. 19, § 6. D. h. t.
3. L. 15, § 2 et 3. — L. 19, § 6. D. h. t.

Locator conductorem, nec ab usu prohibere, nec ante tempus invitum, quamdiu pensionem solvit, expellere debet. Quibusdam vero causis, concessum est locatori jus conductorem expellendi :

1. Si propriis usibus, nec non et suorum, puta uxoris et liberorum, dominus ædem necessariam esse probaverit (1).

2. Si corrigere domum maluerit; tum dominus, pro rata temporis, deducere ex mercede tenetur. Sed, si contra necessitatem, et solummodo ut melius reponeret, demolitæ sint ædes, præstare tenebitur, quanti conductoris interfuerit, non migrare (2).

Quæ duæ exceptiones urbanis propriæ sunt prædiis. Quæ sequuntur ad quælibet prædia attinent.

3. Si conductor in re locata male versatus sit, vel deteriorando vel ad inhonestos usus abutendo ; nam uti et frui licet, sed abuti nequit conductor (3).

4. Nisi pensionem domino in solidum solvat. Quæ mora autem in solutione mercedis admittitur ? In conductionibus, biennii mora requiritur, si conductor non appareat (4), aut si præsens sit, et pactum cum eo de non expellendo factum sit. His casibus exceptis, mora statim prima pensione non soluta, committitur (5). In emphyteuta requiritur triennii mora.

Quibus exceptis, expellere locator conductorem nequit : cogitur etiam stare locationi ab auctore concessæ universalis successor. Aliud est de particulari : emptorem fundi necesse non est stare colono cui

1. L. 3. C. loc. cond. 14, 6.
2. L. 30. D. præscr. verb.
3. Præsumitur etiam deteriosatio si secundum morem regionis non colat. Brunem. ad L. 4. C. loc. cond. — Mantica de tac. et amb. conv. L. V, t. 7., n. 17. — Nov. 14.
4. L. 56. D. loc. cond. — L. 54, § 1. D. h. t.
.5 Quidam biennii moram semper necessariam putant (Baldus hic ; Cujac. Nov 7 f. 352) et hic. refert. illud Martialis, (ep. 32, l. 12.)

> Vidi, Vacerra, sarcinas tuas ; vidi
> Quas non retentas *pensione pro bima*,
> Portabat uxor . . . .

prior dominus locavit, nisi ea lege emit; verum si probetur aliquo pacto consensisse, ut in eadem conductione maneat, quamvis sine scripto, bonæ fidei judicio, ei quod placuit parere cogetur.

Denique ad refundendas impensas necessarias et utiles in fundum a conductore factas obligatur locator, et ad omnia onera sustinenda quæ ipsius fundi non autem fruitionis onera sunt, veluti militum hospitatio.

§ 2.

Prædiorum conductoris obligationes.

I. Conductor secundum legem conductionis prædio frui et post tempus, statim cum accessionibus, restituere tenetur. Jus tollendi, imo mutandi ei competit, dummodo deteriorem fundum non faciat, et pristinam retrocedens faciem ædibus reddat. Colonus curare debet, ut opera rustica suo quoque tempore faciat, nec intempestiva cultura, seu illicito modo, feraciorem fundum reddat (1). Conductor præstat culpam levem in omnibus quæ ex contractu nascuntur, tum propriam, tum servorum, et eorum quos in prædio induxit (2).

Conductori vel totum, vel pro parte prædium sublocare licet (nisi aliud fuerit conventum), dummodo secundum jura priori concessa subconductor fundo utatur: non enim conductor plus juris colono concedit quam ipse habet.

Colonus partiarius alii fundum transmittere prohibitur, quia quasi societatis jure, cum locatore tenetur, nec unquam invitus quis socius efficiatur cui non vult (3).

Ne agri negligentia, seu ædes non usu deteriorentur, conductor

---

1. L. 11, § 3. — L. 23, § 3. D. loc. cond.
2. L, 11, proœm. D. h. t.
3. L. 23, § 6. D. h. t. — L. 19. — L. 65, § 11. D. pro socio, 17, 2.

fundum deserere nequit. Sunt tamen certæ causæ legibus præfixæ ob quas migrare potest.

Ædibus conductis jure recedit, propter justum metum, si ruinosæ in incolas collabi minantur (1), si, vicino ædificante, obscurentur lumina cœnaculi (2), aut si justa sit timoris causa, quamvis verum absit periculum, veluti ob pestem, hostium vel latronum incursus, larvas vel strigas (3); sed conductori non licet abire, nisi recedendi animum locatori denuntiaverit.

II. Conductor ad pensionis integram solutionem justo tempore tenetur; sed cum non æquum sit pro usu mercedem præstari, ubi usus conductori non præstatur, pensione conductor exonerandus est.

1° Si prædium casu fortuito interierit, v. g., si ædes ruerint, aut fundus chasmate perierit : nam conductor casum fortuitum non præstat, nisi aliter conventum sit (4).

2° Cum e prædio a potentiori ejectus est.

3° Cum ex justa causa emigravit (5).

4° Si incommodo gravi prædium gravatum sit (6), puta de demolitione cœnaculi partis in qua magnam partem usûs haberet.

5° Quando in agrorum conductione fructus fortuito casu, plus quam tolerabile est læsi sunt. Ad quam exonerationem requiruntur (7) :

a) Ut damna in fructibus contingentia extrinsecus orta sint, puta si æris intemperie, hostium incursu, graculorum multitudine, uredine, vermibus, fluminum incursu sit corrupta seges.

Si vitia tamen ipsa re oriantur, veluti si vinum coacuerit, si raucis aut herbis segetes corruptæ sint, nisi omnem fructum tulerint, damnum sint colono qui sibi malum conduxisse fundum imputabit.

1. L. 28. D. loc. cond. 19, 2.
2. L. 25, § 2. D. h. t. — L. 33. D. de damn. infect., 39, 2.
3. Godof. ad l. 27, § 1. D. loc. cond.
4. Godof. ad l. 15, § 7. D. h. t. — L. 9, § 2. D. h. t.
5. L. 27, § 1. D. h. t.
6. L. 27. procem. D. h. t.
7. L. 8. — L. 15. — L. 25, § 6. D. h. t.

b) Ut fructus adhuc stantes vel pendentes, et nondum solo separati læsionem recipiant; nam perceptione fiunt coloni.

c) Ut plus quam tolerabile est læsi fuerint fructus, alioquin modicum damnum æquo animo ferre debet colonus, cui immodicum lucrum non aufertur.

d) Ut quæ uno anno fit remissio ob sterilitatem, sequentium annorum ubertate repensa non fuerit.

e) Ut pensio in numerata pecunia seu fructuum certa parte consistat; alio jure *utitur* cum colono partiario, qui damnum et lucrum cum domino fundi partitur.

f) Ne partes, si quid vi majore acciderit, hoc colono præstari, convenerint.

g) Ne præcedat aut concurrat culpa coloni, nam si malo occurere potuit nec fecerit, non potest ad remissionem agere.

In securitate pensionis solvendæ tacita locatori tributa sunt pignora. «Quæ in prædia urbana inducta seu illata sunt, pignori esse credantur, quasi id tacite convenerit, ait Neratius (1)»; idque indistincte, sive locator scivisset quæ inducta essent, sive ignorasset. Aliter in prædiis rusticis : nam in iis fructus tantum qui ibi nascuntur tacite intelliguntur pignori esse domino fundi locati, etiamsi nominatim id non convenerit (2). Invecta autem et illata in fundum rusticum pignoris jure non tenentur, nisi expressa conventio intercesserit (3).

Datur locatori prædii rustici Serviana, a Servio prætore dicta, actio in rem adversus colonum et quemlibet possessorem, ad persequenda ea quæ pignoris jure pro mercedibus tenentur (4). Serviana actio serius cuilibet creditori adversus rei oppignoratæ possessorem ad declarandum jus pignoris et restituendam rei possessionem extensa est. Ex

1. L. 4. D. in quib. caus., 20, 2.
2. Hoc jus urbi et territorio proprium primus provinciis Justinianus imperator extendit. (L. 7. C. in quib. caus. pig., 8, 15.)
3. L. 4. D. - - L. 5. C. loc. cond.
4. § 7, Inst. De act. 4, 6.

quo tempore timere potuit locator, ne res coloni quas is pro mercedibus fundi pignori futuras pepegit, jam aliis creditoribus oppignoratæ sint: quamobrem Salvianum locator obtinuit interdictum adi-
piscendæ causa possessionis ante litem. (1)

Quæ a subcolono illata sunt in fundum priori locatori non obligantur, quia cum illo non contraxit, et præterea ut invecta in prædium rusticum obligentur. Opus est scientia et expresso consensu
locatoris. Sed fructus obligati erunt, quia hi ex fundo sunt ceu re locatoris propria.

In prædium urbanum etiam a posteriore inquilino invecta priori
locatori non in solidum, sed pro pensione quam ipse solvit, obligata
sunt (2).

CAPUT · TERTIUM.

Quibus ex causis prædiorum locatio finitur.

Veluti omnium rerum prædiorum locatio finem accipit, mutuo
dissensu, elapso tempore pacto, rei locatæ interitu, confusione.

Ex quibus causis propriis finiat prædiorum locatio, jam supra vi-
dimus.

1. § 3. Inst. 4, 15.
2. L. 24, § 1. D. loc. cond.

DROIT CRIMINEL.

DE L'ACTE DE DÉLINQUER,

EN GÉNÉRAL,

ET DE LA COMPLICITÉ, EN PARTICULIER.

(Code pénal, art. 59 — 64.)

DE L'ACTE DE DÉLINQUER.

L'acte par lequel la loi pénale est enfreinte, s'appelle acte de délinquer. Pour constituer cette infraction, il faut que la volonté criminelle se soit manifestée par un acte *extérieur* propre à réaliser *directement* le but que s'est proposé son auteur. L'idée, même arrêtée, de commettre un crime ne suffit pas : La morale peut l'atteindre; la loi positive ne le peut, ni ne le doit. «La pensée est libre, a dit M. Rossi, elle échappe à l'action matérielle de l'homme; elle peut être criminelle, elle ne saurait être enchaînée (1).» Dans les délits d'omission eux-

1. Rossi, II, p. 259. — *Cogitationis pœnam nemo patitur.* L. 18. D. *de Pœnis*, 48. 19.

mêmes, un acte extérieur est nécessaire : dans le déni de justice, par exemple, le juge aura dû être touché de la sommation à l'effet de lui faire rendre justice.

Pour qu'il y ait acte de délinquer, il faut de plus que le fait réunisse tous les caractères de la définition donnée par la loi, sans quoi il y aura délit manqué. Ainsi, dire des prières pour faire mourir son ennemi, ou lui donner une substance inoffensive, en croyant lui administrer un poison, constituent des délits manqués; parce que, ni dans l'un, ni dans l'autre cas, n'existent les caractères constitutifs de l'homicide et de l'empoisonnement.

L'acte de délinquer n'est pas le délit. Ce dernier est un fait complexe : il suppose : 1° qu'une infraction à la loi pénale française ait été commise; 2° que cette infraction ait été commise en France; 3° enfin qu'elle soit imputable à son auteur. L'acte de délinquer consiste dans la manière dont cette infraction a été commise. Tout délit suppose un acte de délinquer, mais tout acte de délinquer ne constitue pas un délit.

Si nous considérons l'acte de délinquer relativement à la part qu'y ont prise les coupables, nous distinguerons l'auteur du délit ou coupable principal du coupable accessoire ou complice. C'est de ce dernier que nous allons nous occuper.

DE LA COMPLICITÉ.

§ 1er.

Généralités.

Un délit peut être commis par une ou par plusieurs personnes rénies; il en est même qui ne peuvent être commis que par plusieurs (1) : dans

1. Loi sur les attroupements, 9 juin 1848.

ces cas, les coupables sont dits coauteurs du délit, ou complices *sensu lato*. Mais si la loi pénale n'a été enfreinte que d'une manière indirecte, si la participation de l'un des agens n'a consisté qu'à provoquer, qu'à aider l'auteur du délit, à lui fournir les moyens de le commettre, ou de se soustraire à la vindicte publique (1), il y a complicité véritable pour cet agent secondaire, complicité *sensu stricto*.

Cette distinction que la loi, en confondant presque toujours l'auteur du délit et son complice dans le même châtiment, a eu tort de ne pas observer, présente parfois des nuances bien difficiles à saisir. Dans l'assassinat, par exemple, entre celui qui égorge, celui qui veille pendant la perpétration du crime, et celui qui a donné les instructions nécessaires, l'ordre peut-être, de le commettre, où finit la complicité, où commence le crime lui-même ? Ces questions, les plus épineuses, peut-être, de tout notre droit pénal, ont, dès longtemps, préoccupé nos criminalistes anciens et modernes.

Au milieu des dispositions confuses de la loi romaine sur la complicité, l'on peut distinguer le principe de l'assimilation des auteurs principaux (*rei*) avec les complices (*participes vel socii*) (2). Mais de nombreuses exceptions venaient tempérer ce que ce principe avait d'absolu, surtout relativement au conseil, au témoin du crime, à celui qui avait favorisé la fuite du coupable, etc. Ce principe se retrouve dans notre ancien droit français, qui l'avait emprunté aux constitutions des Goths (3), et nous le voyons successivement reparaître, dans les établissements de St-Louis (§ 32), dans les ordonnances de 1477 sur les com-

---

1. La tentative de la complicité n'est pas un délit. — Cass., 23 vend. an 8; 9 mars 1809. — 4 déc. 1812. — 16 nov. 1821 : Dall. A, t. 3, p. 618.

2. *Mandator cædis pro homicida habetur :* L. 15. D. ad. Leg. Corn. 48, 8. — *Etiam conscios eadem pœna adficiendos non solum parricidas :* L. 6, D. de Leg. Pomp : 48, 9. — *Receptatores puniantur atque latrones :* L. 1. D. de Recept. 46, 16, etc.

3. Les constitutions des Goths distinguaient trois espèces de voleurs qu'elles punissaient de la même peine :

« *Unum qui consilium daret, alterum qui contractaret, tertium qui receptaret et occuleret, pari pœna singulos obnoxios . . . »*

plots ; et le crime de non révélation, de 1559 sur les recéleurs, de 1670 sur les duels (t. 16, a. 4.) et enfin dans le code pénal de 1791, que le code de 1810 a presque textuellement copié, pour ce qui a rapport à la complicité (1).

Malgré l'assimilation du complice à l'agent principal sous le rapport de la pénalité, la distinction que la loi a faite entre eux n'est pas purement théorique. Il est des crimes punis plus sévèrement quand ils sont commis par plusieurs personnes que par une seule. Le vol est dans ce cas (386, nᵒ 1). Or, il est important de distinguer dans cette hypothèse, s'il n'y a eu qu'un auteur principal et des complices, ou si les coupables sont tous auteurs principaux. Dans le premier cas, l'agent du délit et ses complices ne seraient punis que comme s'ils avaient été seuls pour commettre le vol (1 à 5 ans de prison, — a. 401). Dans le second cas, le vol devient un crime : la peine serait celle de la réclusion.

En outre, il est de principe qu'il ne peut y avoir de complicité légale, quelque répréhensible que soit le fait qui a été commis, quand il n'existe pas de délit aux yeux de la loi. Nous en trouvons un exemple dans le suicide, dans le duel. La loi n'a incriminé ni l'un, ni l'autre de ces actes : celui qui y aura concouru d'une manière accessoire ne saurait être puni (2).

1. Le Code de 91 ne s'occupait que de la complicité en matière criminelle et la loi rendue la même année sur les délits correctionnels était muette à l'égard de la complicité : mais l'usage avait étendu les dispositions de la première loi à la seconde. Le Code de 1810 s'est occupé de la complicité des crimes et delits. En matière de contraventions de police simple, le complice n'est puni que dans des cas spéciaux et formellement déterminés.

2. 27 avril 1815. Dalloz. A., t. 5, p. 627. — Le duel n'étant pas puni par nos lois, les témoins et ceux qui ont fourni des armes ne sauraient être considérés comme complices. — Depuis 1837, la jurisprudence de la Cour de Cassation relativement au duel a changé : L'homicide commis en duel fut considéré comme constituant un crime. Pour être conséquente avec elle-même, la Cour de cassation aurait dû admettre que dans tous les cas l'assistance des témoins du duel les rend passibles des peines de la complicité. Néanmoins elle a décidé qu'ils ne pourraient être poursuivis qu'autant qu'ils auraient coopéré au fait

§ 2.

Caractères de la complicité d'après le Code pénal.

La loi n'a pas défini la complicité; elle a énuméré les cas où le complice d'un crime ou d'un délit devait être puni : endehors de ces cas il n'y a pas lieu à poursuite (1).

L'examen de ses dispositions va nous occuper.

La complicité est antérieure au délit, coexistante ou postérieure : nous suivrons cette division dans l'exposé des principes du Code.

I. *Complicité antérieure au délit.* — La complicité antérieure au délit est morale ou matérielle, suivant la part que l'agent secondaire a prise au fait qui a été commis.

La loi incrimine, comme ayant moralement participé à un crime ou à un délit, ceux qui : 1° par dons; 2° promesses; 3° menaces; 4° abus d'autorité ou de pouvoir; 5° machinations ou artifices *coupables*, auront provoqué à cette action; ou 6° auront donné des instructions pour les commettre (60, § 1.) Les trois premiers cas, la provocation par dons, promesses ou menaces se trouvaient déjà dans la loi de 91 : à la place des deux suivants, la provocation par abus de pouvoir ou d'autorité et par machinations ou artifices coupables, la loi de 91 incriminait les ordres donnés à l'auteur du délit. « Il est, disait M. Riboud dans son rapport, en expliquant la cause de cette différence, des combinaisons si éloignées, des machinations si com-

---

même du duel, en fournissant des armes, ou en ne faisant pas de constants efforts pour empêcher la rencontre. (Cass., 22 déc. 1857. — 6 juill. 1858 : Gaz. des Trib. 5 janv. 1845).

1. Cass., 2 juill. 1815: D. 15, 1, 474. — 28 juill. 1816 : D. 24, 1, 179. — 5 fév. 1824. D. 24, 1, 180. D'après la règle exposée au texte, nous définirons, dans le sens du Code pénal, le complice, celui qui a provoqué à un crime ou à un délit, ou qui y a aidé de l'une des manières définies par la loi.

pliquées, l'art et l'astuce ont tant de moyens de voiler leur action, que des juges et des jurés, quoique convaincus de leur existence, ne se permettraient pas de les prendre en considération, si la loi ne leur en fait un devoir spécial (1). » Le sixième cas de participation morale, antérieure au délit, comprend les instructions données à celui qui doit le commettre. La loi les incrimine, même dans le cas où celui qui les a données, ne savait pas qu'elles devaient y servir ; et il n'est pas nécessaire, comme pourrait le faire croire la tournure vicieuse de l'art. 60, qu'elles aient été accompagnées de dons, promesses, menaces, etc. De simples instructions suffisent.

La provocation par tout autre moyen que ceux que nous venons d'énumérer, n'est pas incriminée (2). Un conseil, une exhortation, si vive, si pressante qu'elle soit, à l'accomplissement d'une action coupable, ne constituerait pas la complicité aux yeux de la loi.

Il est néanmoins quelques cas exceptionnels où la simple provocation est punie, même dans le cas où elle n'aurait produit aucun effet : mais alors elle est considérée comme un délit spécial, et frappée de peines différentes. Ces exceptions concernent les auteurs de complots ou de provocations attentatoires à la sûreté intérieure ou extérieure de l'État (60 *in fine*, 76), les troubles apportés à l'ordre public par les ministres des cultes dans l'exercice de leur ministère (202. 203. 205. 206). Nous trouvons encore des applications de ce principe dans le chapitre premier de la loi du 17 mai 1819, relatif à la provocation publique aux crimes et délits, dans les lois de septembre actuellement

---

1. Locré, XXIX, p. 273. — Il est bon d'observer, quant aux *machinations et artifices coupables*, que pour donner lieu à l'application des peines de la complicité, il est nécessaire que les *artifices*, au moyen desquels l'accusé a provoqué à un crime, aient été reconnus *coupables*. Cass., 27 oct. 1815. D. A. t. 3, p. 626. -- Cela n'est pas nécessaire pour les *machinations*. Cass., 15 mars 1816. D. A. t. 3, p. 633. — Vide contr. Carnot, I, p. 189.

2. Il en résulte qu'il est indispensable, pour que la provocation au crime constitue la complicité, que la déclaration du jury contienne l'énonciation des circonstances de la provocation. C'est ce qu'ont décidé une foule d'arrêts : Cass., 2 juill. 1813. — 28 juin 1816. — 24 janv. 1818. — 5 fév. 1824, etc. — D. A. t. 3, 623.

abrogées, et plus récemment encore dans les décrets sur les attroupements (1), et sur la répression des crimes et délits commis par la voie de la presse (2).

La seconde classe de complicité antérieure au délit, renferme les actes matériels par lesquels le complice a concouru à la préparation du délit : la loi punit ceux qui ont procuré des armes, des instruments, ou tout autre moyen qui aura servi à l'action, *sachant qu'il devait y servir*, ou qui auront aidé ou assisté l'auteur du délit dans les faits qui l'auront préparé ou facilité (60, § 2 et 3). Remarquons que ce genre de complicité résulte du concours des deux conditions suivantes : 1° Avoir fourni les instruments du crime, par exemple, les fausses-clefs (3), le poison ; avoir facilité le crime, par ex., en conduisant la victime dans un endroit écarté. 2° L'avoir fait sciemment. (4)

Si nous comparons les deux séries de complices dont nous venons de parler, entre ceux qui ont apporté au crime une part morale, ceux qui peut-être en avaient eu l'idée première, qui en un mot, en sont les auteurs, et ceux qui n'ont prêté à l'agent du délit qu'un concours matériel et souvent irréfléchi, nous trouverons une différence profonde : La loi, par sa sévérité excessive qui n'abandonne presque rien à l'appréciation du juge, ne justifie-t-elle pas ces paroles de M. Rossi : « On dirait une loi suggérée par des malfaiteurs. L'intérêt de la justice est qu'il y ait des rôles principaux et des rôles secondaires : la distribution de ces rôles sera moins facile, les dissentions des associés plus fréquentes. »

II. *Complicité pendant l'exécution du délit.* La loi punit comme complices, pour avoir participé à un délit pendant son exécution, ceux qui auront *avec connaissance de cause aidé ou assisté* l'auteur ou les auteurs de l'action dans les faits qui l'auront consommée (60, § 3). L'aide et l'as-

1. 9 juin 1848. — Art. 6.
2. 12 août 1848. — Art. 1er.
3. Cass.. 13 juin 1811. D. A. t. 3, 654.
4. Cass. 22 juin 1824. D. A. t. 3, 642.

sistance données aux auteurs du délit ne suffisent pas, il faut qu'elles aient été données sciemment : cette circonstance est constitutive de l'acte de complicité (1). Quant aux actes d'où résulte l'aide ou l'assistance données aux coupables, le jury devra être formellement interrogé sur le point de savoir, en quoi le complice a aidé ou assisté (2).

III. *Complicité après le délit, ou recel.* — Nous avons passé en revue les actes antérieurs au fait du délit et coexistants, que la loi a qualifiés actes de complicité. Les faits postérieurs ne sont pas, à proprement parler, des actes de complicité, car on ne peut participer à un délit consommé : néanmoins le Code, à l'exemple de presque toutes les législations criminelles, a assimilé les recéleurs aux complices (3). 1°

On peut se rendre complice par recélé de deux manières : 1° en recélant les auteurs du délit; 2° en recélant les objets qui en sont le fruit.

A. *Du recélement des personnes.* «Ceux, dit l'article 61, qui *connaissent* la conduite criminelle des malfaiteurs exerçant des brigandages ou des violences contre la sûreté de l'État, la paix publique, les personnes ou les propriétés, leur fournissent *habituellement* logement, lieu de retraite ou de réunion, seront punis comme leurs complices.» Le recélement des personnes aux termes de cet article est un délit complexe : il résulte du concours des trois conditions suivantes : 1° il faut avoir *connu* la conduite criminelle des malfaiteurs; 2° il faut leur avoir fourni *habituellement* logement, lieu de retraite ou de réunion; 3° enfin, il faut les avoir reçus *volontairement*.

1. Cass., 10 oct. 1816. D. A. t. 3, 641. — 22 juill. 1824. D. 24, 1, 472. — 2 juin 1832. D. 32, 1, 336. La Cour de cassation a créé une exception à ce principe en matière de viol (18 mai 1815. S. 15, 1, 398), se fondant sur ce qu'il est contre l'essence des choses, de supposer qu'un accusé ait pu aider et assister l'auteur du viol dans les moyens de le commettre, sans agir dans des intentions coupables. Mais ne pourrait-on pas en dire autant de tous les crimes commis avec violence?

2. Cass., 28 vend. an 9. D. A. t. 3, 631. — Dalloz regarde cette règle comme inutile (*Loc. cit.*)

3. *Pessimum genus est receptatorum sine quibus nemo latere diu potest. Et praecepitur n. puniantur atque latrones.* — *L.* 1, *D. de Recept.* 48, 16.

Le recel doit être une habitude, sans quoi il n'est puni que de peines correctionnelles (248). Il doit être volontaire; et dès lors ne peut être considéré comme complice celui qui aurait été contraint par violence, à donner asile à des malfaiteurs.

La première condition soulève des questions plus importantes : il est clair que, si l'on n'a pas connu la conduite criminelle des malfaiteurs, l'on n'a pu être leur complice en les recevant : mais de quels malfaiteurs s'agit-il ici? L'art. 61 n'est-il, comme le dit Carnot (p. 194), applicable qu'au fait de recevoir des malfaiteurs qui font, pour ainsi dire, métier de brigandage, ou pourrait-on l'étendre à toute réunion d'individus ayant pour but de commettre un crime particulier? La seconde opinion nous semble préférable; le texte de l'article 61 ne la repousse pas, et la morale la réclame. Il est vrai que dans cette hypothèse celui qui n'aurait recelé *qu'une fois* des personnes ayant pour but de commettre un crime particulier, ne serait punissable que d'une peine correctionnelle (248) ; mais ce serait parce qu'il n'y aurait pas habitude de recéler, et non à raison du plus ou moins de moralité de ceux qu'il recèle.

Pour qu'il y ait recel dans le sens de la loi, faut-il nécessairement que l'asile ait été fourni à une bande de malfaiteurs? Cacher habituellement un seul malfaiteur ou des malfaiteurs isolés ne constitue-t-il pas un fait de complicité? Carnot (p. 194) et Dalloz (3. 656. § 6), ne sont pas de cet avis : ils fondent leur argumentation sur le mot *réunion* de l'article 61. Mais la disjonction *ou* qui sépare le mot *asile* du mot *réunion*, ne prouve-t-elle pas suffisamment que le recel résulte du fait d'avoir fourni asile comme d'avoir fourni un lieu de réunion, et l'asile ne peut-il pas être fourni à un seul comme à plusieurs (1)?

L'art. 61 défend de fournir un asile ou un lieu de réunion aux malfaiteurs. Il n'a pas défendu de leur donner de la nourriture. Les restaurateurs, aubergistes, etc, ne seront donc pas punis *pour le seul*

1. Faustin et Hélie, I, p. 477.

fait, d'avoir habituellement reçu des malfaiteurs, et la raison en est simple. La loi a bien voulu que les criminels ne trouvassent plus de retraites : elle n'a pu vouloir qu'ils fussent privés de nourriture, «ce qui aurait été prononcer contre eux la peine de mort avant qu'ils eussent été jugés coupables (Carnot, p. 194).»

De quels crimes les recéleurs sont ils regardés comme complices? Nous pensons que l'on doit borner leur responsabilité aux faits qui peuvent être considérés comme la conséquence nécessaire de la retraite, accordée aux malfaiteurs, et qu'elle cesse dès le moment où le recéleur a manifestement rompu avec eux. Carnot, plus sévère dans son appréciation, l'étend à tous les délits commis par les malfaiteurs depuis le jour du recel.

B. *Du recélement des objets du délit.* «Ceux, dit l'art. 62, qui, sciemment, auront recélé, en tout ou en partie, des choses enlevées, détournées ou obtenues à l'aide d'un crime ou d'un délit, seront aussi punis comme complices de ce crime ou délit.» Pour constituer ce genre de recel, il faut qu'il ait été fait sciemment, c'est-à-dire que le recéleur doit avoir su que les objets en sa possession étaient le fruit d'un crime ou d'un délit. Il faut de plus que cette connaissance ait eu lieu *au temps du recélé* (1), si elle n'avait eu lieu que postérieurement, il n'y aurait plus de recélé punissable (arg., art 63). Il importe peu, du reste, que le recéleur ait profité du délit ou non; qu'il détienne les objets volés à titre de dépôt, d'achat ou de présent; s'ils n'ont pas eu l'intention *manifeste* de les rendre à leur véritable propriétaire (2) ils sont complices (380, § 2).

La femme qui recèle les objets volés par son mari, est-elle excusée par la loi, en d'autres termes : l'exception créée en faveur de certains parents ou alliés, dans le cas de recélement de personnes (248), est-elle applicable par analogie au recélement des objets?

1. La commission du corps législatif avait proposé cet amendement: *A l'époque où le crime a été commis.* Cette expression plus claire, a néanmoins été repoussée.
2. Cass. 27. pluv. an 9. D. A. t. 3, p. 687.

Nous ne pouvons, quelque rigoureux que cela paraisse, accepter cette assimilation. L'art 248 consacre une exception, et les exceptions sont de droit étroit. L'on peut ajouter au surplus que l'on conçoit que l'amour que porte, par exemple, une femme à son mari, la décide à le cacher, quand il a commis un crime, mais qu'il n'excuse jamais la part qu'elle prend à ses délits, en recélant le fruit de ses vols.

Nous avons parcouru la série des faits que la loi a qualifiés actes de complicité. Hors de cette énumération, il est encore bien des actions coupables, par exemple, les conseils donnés à l'auteur du délit (1), le fait d'avoir assisté à l'accomplissement du crime, sans l'empêcher (2), et tant d'autres encore. Mais la loi pénale s'est arrêtée, ou ne peut la suppléer.

§ 3.

De l'application de la peine.

«Les complices d'un crime ou d'un délit, porte l'article 95, seront punis de la même peine que les auteurs mêmes de ce crime ou de ce délit, sauf les cas ou la loi en aurait disposé autrement.» La loi parle de la même peine : cela ne veut pas dire que le coupable et son complice doivent être condamnés à une peine identique, mais que la peine infligée au complice ne peut être d'un autre genre, ni d'une plus longue durée que celle dont la loi frappe le crime auquel il a participé. Les tribunaux sont toujours maîtres de la faire varier dans de certaines limites et d'appliquer, par exemple, le maximum au complice et le minimum à l'agent principal, ou réciproquement, et de reconnaître, soit en faveur de l'un, soit en faveur de l'autre, des circonstances atténuantes suivant les faits. (463.)

Ce principe de l'application de la peine présente dans la pratique des questions difficiles qu'il nous reste à résoudre. Elles concernent

1. Cass., 24 nov. 1809. D. A. t. 3, 619.
2. Cass., 30 nov. 1810. — 13 mars 1812. D. A. t. 3, 643.

l'admission des circonstances aggravantes et des circonstances d'atté-
nuation personnelle ou de non responsabilité reconnues quant au coupable principal et quant à son complice.

Le complice est-il responsable des circonstances aggravantes qui
viennent augmenter la pénalité de l'auteur du fait coupable et qui,
d'un délit passible de simples peines correctionnelles, font parfois un
crime ?

Sous le Code de 91, le complice ne pouvait être puni de la même
peine, que s'il avait connu les circonstances aggravantes du délit (1),
Le Code de 1810 fut plus sévère, et, en fixant trois cas seulement où
les recéleurs n'encourraient la même peine que le principal agent,
qu'autant qu'ils auraient connu les circonstances aggravantes, il fait
clairement entendre que, dans tous les autres, la peine de la complicité est la même que celle du crime (2). Cette loi est sévère, mais,
comme l'a dit M. Target, il paraît juste que cet accroissement de sévérité frappe tous ceux qui, ayant préparé, aidé ou favorisé le crime,
se sont soumis à toutes les chances des événements, et ont consenti à
toutes les suites du crime.

Ainsi, le complice d'un vol avec effraction supportera l'aggravation
de peine encourue par l'auteur principal, encore que cette circonstance
soit propre à ce dernier (3).

Il en serait de même si les circonstances aggravantes, au lieu de
résulter de l'ensemble des faits, résultaient d'une qualité toute

1. D. A. t. 3, 644, nº 1.

2. *Quid,* de la préméditation du meurtre ? (296). Est-ce une circonstance aggravante
de l'homicide, ou bien une circonstance inhérente d'un nouveau crime, de l'assassinat?
Le complice doit-il en subir la peine encore qu'il ait ignoré la préméditation ? — Carnot (p. 178) et Dalloz (t. 3, p. 644) ne sont pas de cet avis : ils regardent la préméditation comme l'élément d'un crime nouveau. Mais la Cour de cassation ne considère la
préméditation que comme une circonstance aggravante de l'homicide, et applique les peines de l'assassinat au complice, qu'il y ait eu préméditation ou non de sa part. — Cass.,
20 janv. 1814. D. 14, 1, 504.

3. Cass., 25 oct. 1811. D. A. t. 3, 649.

personnelle de l'auteur du délit. Ainsi, le complice du domestique qui vole son maître, du fonctionnaire qui commet un faux, du fils qui tue son père, subira les aggravations de peines prononcées par la loi contre le domestique, le fonctionnaire, le parricide. Ce système rigoureux a été consacré par la jurisprudence (1).

Néanmoins, si l'auteur était en état de récidive, l'aggravation de peine que cette position produirait à son égard, ne frapperait pas le complice, parce que la récidive est l'état d'un individu, qui commet un délit, après avoir été déjà condamné pour un autre délit et que le complice, qui ne participe qu'au second, ne saurait être puni comme s'il avait participé au premier.

Il est une seconde exception à la règle que nous venons de formuler : elle concerne les recéleurs (2). La jurisprudence antérieure et postérieure au Code de 1810 avait décidé que le recéleur d'un objet provenant d'un vol accompagné d'un meurtre, n'était point passible de la peine de mort. La Cour de cassation, en présence de l'art. 63 (3), changea sa jurisprudence ; mais, devant l'opposition formelle des cours d'assises de se rallier à son système, la question fut déférée au Conseil-d'État qui, par un avis approuvé le 18 décembre 1813, décida que, lorsqu'un vol avait été commis à l'aide ou par suite d'un meurtre, les personnes qui avaient recélé les objets volés, *ayant connaissance que le vol avait été précédé du crime de meurtre*, devaient aux termes de l'article 62 du Code pénal, être considérées comme complices de ce dernier crime. La loi de 1832 a implicitement abrogé cet avis du Conseil-d'État par son nouvel article 63. « Néanmoins, porte-t-il, la peine

1. Cass., 3 déc. 1812. — 26 déc. 1812: D. A. 3, 655.

2. La loi pénale des recéleurs d'objet provenant de délits.

3. Cass., 13 avr. 1813. Bull. Cass. p. 193. — L'ancien article 63 portait : «[Néanmoins et à l'égard des recéleurs désignés dans l'article précédent, la peine de mort, des travaux forcés à perpétuité, ou de la déportation, lorsqu'il y aura lieu, ne leur sera appliquée qu'autant qu'ils seront convaincus d'avoir eu, au temps du recélé, connaissance des circonstances auxquelles la loi attache les peines de ces trois genres : si non, ils ne subiront que la peine des travaux forcés à temps. »

de mort, lorsqu'elle sera applicable aux auteurs du crime, sera remplacée, à l'égard des recéleurs, par celle des travaux forcés à perpétuité. Dans tous les cas, les peines des travaux forcés à perpétuité ou de la déportation, lorsqu'il y aura lieu, ne pourront être prononcées contre les recéleurs, qu'autant qu'ils seront convaincus d'avoir, eu, *au temps du recélé*, connaissance des circonstances auxquelles la loi attache la peine de mort, des travaux forcés à perpétuité et de la déportation, sinon ils ne subiront que la peine des travaux forcés à temps.»

La peine de mort n'est donc, dans aucun cas, applicable au recéleur, et les autres peines perpétuelles ne le sont que dans le cas : 1° où le recéleur a eu connaissance des circonstances aggravantes du fait ; 2° où il a eu cette connaissance au temps, c'est-à-dire, au moment du recélé.

Nous ne nous arrêterons pas à critiquer ce qu'il y a d'exorbitant dans cette assimilation du recéleur à l'auteur du crime. Montesquieu en avait fait une critique si nette, si fondée, qu'il est vraiment à regretter que les législateurs de 1810 n'en aient pas tenu plus de compte (1). Mais l'art. 63, même avec l'amendement de 1832, n'est-il pas la plus sanglante critique de ce système! Pourquoi changer de règle suivant que la peine est fixe ou variable? Pourquoi exiger dans un cas, la connaissance au temps du recélé, et ne pas l'exiger dans l'autre? Sans doute il valait mieux être inconséquent que cruel jusqu'à la fin ; mais ne pouvait-on pas, en abolissant cette terrible fiction, être à la fois, juste et conséquent?

Si la qualité personnelle, qui est de nature à déterminer une aggravation de peine, appartenait au complice, non seulement elle ne nuirait pas à l'auteur du délit, mais encore, elle n'aurait aucun effet vis-à-vis du complice lui-même (59). Si donc le complice de l'assassineur était fils de la victime, si le complice du voleur était le domes-

---

1. «Parmi nous la peine du vol étant capitale, on n'a pu, sans outrer les choses, punir le recéleur comme le voleur.» Esprit des lois, 29, ch. 12. — Beccaria, ch. 14. — Chauveau et Hélie, ch. 9, § 5. — Carnot, sur l'art. 62. — Rossi, III, 64.

tique de la personne volée, l'on n'appliquerait ni au complice ni à l'auteur du délit les peines du parricide, du vol qualifié.

Si des circonstances aggravantes nous passons aux circonstances atténuantes (1), un nouveau système se présente, celui de la non-solidarité entre l'agent du crime et son complice. Que l'auteur du délit voie diminuer ou même disparaître sa peine, à raison de circonstances qui lui sont personnelles, parce qu'il se trouve dans un des cas où la loi l'excuse, ou même le renvoie des fins de la plainte ; dans ces hypothèses, pourvu que le fait matériel du crime ne cesse de subsister, le complice reste entre les mains de la justice, et ne peut profiter des circonstances atténuantes personnelles à l'agent principal.

Cette doctrine est équitable; mais pourquoi n'avoir pas également appliqué ce principe de la non-solidarité quand les circonstances personnelles à l'agent du délit sont des circonstances aggravantes ? La cour de cassation n'a pas cru devoir le faire: ses motifs ne nous semblent pas suffisants.

Nous n'avions à traiter que la théorie générale de la complicité. Nous nous arrêterons ici, en nous contentant d'énumer les cas où la loi a fixé à la complicité des caractères spéciaux. Ce sont les cas des articles 100, 108, 114, 116, 138, 190, 202, 203, 206, 213, 238, 241, 267, 268, 284, 285, 288, 293, 380, 403, 415, 438 et 441 du Code pénal, 597 et 598 du Code de commerce.

Les complices peuvent éviter la peine ou la faire atténuer dans l'un des cas prévus par les articles 63, 100, 107, 108, 114, 116, 138, 190, 213, 284, 285, 288 et 441 du Code pénal.

Enfin la complicité ne peut être vérifiée que par un genre de preuves, particulier dans le cas de l'article 338.

---

1. Nous ne nous occupons pas ici des circonstances atténuantes, *arbitraires*, dont parle l'art. 463 : nous nous occupons des circonstances atténuantes, *légales*.

FIN.

www.ingramcontent.com/pod-product-compliance
Lightning Source LLC
Chambersburg PA
CBHW050610210326
41521CB00008B/1191